FINNLAND

Örnsköldsvik 28

Ulvöhamn 29
Bönhamn 30

Bottnischer
Meerbusen

N

Hölick 31

rjungfrun 32

27 Reposaari

26 Rauma

Isokari 25

Åland

Öregrund 33
Raggarö 34

24 23 Turku

22

35
36

Hanko

37 38

21 20
19

Kimiö

HELSINKI

17
16

Finnischer
Meerbusen

STOCKHOLM

41 Ingmarsö

40
39 44 43 42
47 45
46 Gränö

18
Vormö

15 TALLINN

14 Haapsalu

ESTLAND

RUSS-
LAND

Trosa 49 48
50

Kuivastu

13

Saaremaa

12 Pärnu

51
52

Abruka 10

11

Kihnu

rik 54

53 Idö

9
Ruhnu

56 5 55

7
8

6 Visby

Gotland

57

Öland

8

Ostsee

RIGA

LETTLAND

LITAUEN

Kaliningrad

RUSSLAND

WILNA

WEISS-
RUSSLAND

Gdansk

POLEN

MINSK

CHRISTIAN
IRRGANG

Ostsee
Menschen

EIN SEGELTÖRN MIT
51 BEMERKENSWERTEN
BEGEGNUNGEN

DELIUS KLASING VERLAG

Ich glaube mittlerweile zweifelsfrei, dass unser Bewusstsein die Realität bestimmt und dass die wahrscheinlich größte irdische Macht unsere Gedanken sind. Unsere Ängste wirken als negative Prophezeiungen, die sich selbst erfüllen, und häufig sind wir in Geiselhaft von Bedrücktheiten über Unabänderliches, das war, und Befürchtungen über Unvorhersehbares, das kommen wird. Darüber versäumen wir das Beste, was wir haben: unser Jetzt.

Julian Passauer

Meer in Sicht

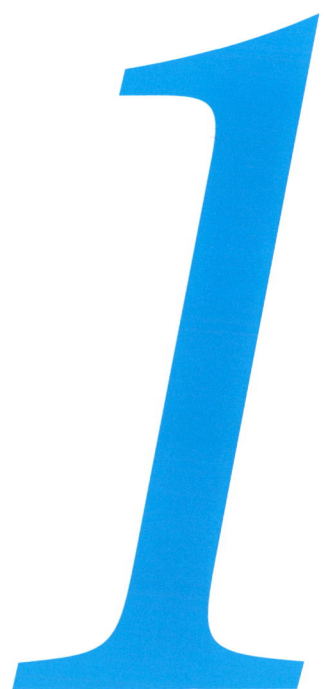

Manche Menschen werden seekrank. Ich werde landkrank. Wenn ich längere Zeit nicht auf dem Wasser war, werde ich unruhig, und seit meinem letzten langen Törn wurden die Symptome von Sommer zu Sommer schlimmer. Zwar nutzte ich jede Gelegenheit zu segeln, aber das waren alles nur Kurztrips, die bei Weitem nicht ausreichten, mich zu kurieren. Als Francis Chichester nach seiner ersten Weltumsegelung gefragt wurde, ob er so etwas noch mal machen würde, knurrte er: »In dieser Woche nicht mehr.« Was hätte er auch sonst antworten sollten? Er wusste doch so gut wie jeder andere, dass es nur eine Frage der Zeit war, wann er wieder in See stechen würde.

Denn so sicher wie das Amen in der Kirche: Wer sich einmal mit dem Virus infiziert hat, der ist geliefert. Aufenthalte an Land lassen sich zwar ab und zu nicht vermeiden, aber wozu sollen sie gut sein, wenn nicht dazu, den nächsten Törn vorzubereiten. Mein letzter war inzwischen schon fünf Jahre her, nun musste ich unbedingt wieder los. Ich hatte nicht die Welt umsegelt (und habe das in absehbarer Zeit auch nicht vor), ich war einfach nur in der Ostsee nordwärts gesegelt, bis es auch nachts nicht mehr dunkel wurde. Aber genau das, dieses Segeln im Mittsommerlicht, das war's, was mich nicht losließ. Das wollte, das musste ich noch mal haben. Nur das, da war ich mir sicher, könnte mein Leiden lindern.

So klar wie diese Erkenntnis, so offensichtlich war allerdings auch mein Problem: Ich hatte gar kein Boot. Mein Folkeboot hatte ich damals verkauft. Im Freundeskreis sparten sie nicht mit guten Tipps, wie und wo ich günstig eins bekommen könnte, aber nur einer, Jasper, machte einen wirklich konkreten Vorschlag. Er hatte ein Boot, und das würde er mir leihen. Mal ehrlich: Wie viele Bootsbesitzer gibt es bitteschön, die dazu bereit wären? Zuerst war ich sprachlos, dann war ich begeistert, und dankbar bin ich immer noch. Jetzt konnte ich nämlich anfangen zu planen, und augenblicklich besserte sich auch mein Zustand. Nun ist man ja auch – oder gerade – als Alleinsegler nicht ständig auf dem Wasser. Die Reise geht von Hafen zu Hafen, und wo immer ich über den Bugkorb klettere, bin ich neugierig auf das Land und auf die Leute. Was hatte ich auf meinem Ostsee-linksherum-Törn für tolle Menschen getroffen! Interessante, lustige, hilfsbereite Segler und Nichtsegler, mehr oder weniger zufällige Begegnungen im Vorbeisegeln. Aus einigen waren nähere Bekanntschaften geworden, von denen manche sogar bis heute bestehen. Deshalb beschloss ich, diesmal auf meinen Landgängen genauer hinzuhören. Ich würde den Leuten aufs Maul schauen und aufschreiben, was ich zu hören bekam. Jeder hat schließlich eine Geschichte zu erzählen. Als Alleinsegler, so meine Erfahrung von damals, knüpft man überall problemlos Kontakte. Auch ohne Estnisch oder Finnisch; mit Englisch kommt man um die ganze Ostsee.

Ich überwand sogar meine Vorbehalte gegen Facebook und richtete einen Blog ein, auf dem ich schon von unterwegs kurz berichten wollte. Außerdem war ich gespannt, ob sich darüber nicht vielleicht sogar ein paar Kontakte ergeben würden. In fast allen Häfen auf der Route hatte ich schon beim vorigen Mal eine Internetverbindung vorgefunden – diese Entwicklung war sicher nicht stehengeblieben, sodass ich damit rechnen konnte, fast von überall her Fotos und Texte posten zu können.

Natürlich wollte ich auch diesmal gern wieder solo segeln, aber nicht mehr so oft und so lange wie voriges Mal. Jaspers Boot erschien mir dafür ideal. Ein stabiles kleines Schiff aus Holland, Typ Hurley 800. Äußerlich mit rund acht Meter Länge kaum größer als mein Folke, hatte sie unter Deck die Dimensionen eines Tanzsaals. So jedenfalls kam es mir vor, verglichen mit dem Platzangebot, das ich gewohnt war. Auf jeden Fall groß genug für eine Zweiercrew. Die TUNØ war schon über 35 Jahre alt, aber prima in Schuss. Ausgerüstet mit Großsegel und Fock, einem Gennaker und: einem Einbaudiesel. Nach der Quälerei mit dem Außenborder auf meinem letzten Törn erfreute mich das ganz besonders. Der Motor wurde im Winter gewartet, das Unterwasserschiff von einem Bootsbauer saniert, das stehende und das laufende Gut kontrolliert, noch ein bisschen Ausrüstung angeschafft, dann war die TUNØ startklar. Und ich war es auch.

DIENSTAG, 17. Mai Alle Klamotten sind an Bord, der Proviant ist verstaut. Der tagelange Ostwind ist in einen frischen Nordwest übergegangen. Der Himmel über der Ostsee ist grau wie Blei. Am frühen Morgen sind die Böen noch mit Stärke 7 über die Kieler Förde gerauscht. Jetzt, um die Mittagszeit, ist es etwas ruhiger geworden. Sanne, meine Komplizin und Ehefrau, hat uns hierhergebracht, nun fährt sie mit dem leeren Auto zurück nach Hamburg. Mindestens zwei Monate werden wir uns nicht sehen, dann will sie mich besuchen kommen. Noch keine einzige Meile gesegelt, aber darauf freue ich mich jetzt schon. Ich blicke ihr hinterher, bis die Rücklichter verschwunden sind.

Ganz allein bin ich ja erst mal nicht. Jasper wird mich bis nach Schweden begleiten, das macht das Lossegeln leichter. Die Strecke möchte ich eigentlich in zwei bis drei langen Schlägen durchsegeln. Zuerst nach Bornholm und dann über die Hanöbucht, und da ist man sowieso besser zu zweit an Bord.

Nicht nur wir sind heute tatendurstig, die Bundeswehr ist es auch. Sie hat die Hohwachter Bucht zum Kriegspielen gesperrt und wir müssen ganz außen rum. Das kostet Zeit. Weil wir außerdem ziemlich schnell feststellen, dass wir ein Energieproblem haben, beschließen wir, noch einen Stopp zu machen und laufen am Abend Orth auf Fehmarn an. Die Verbraucherbatterie schwächelt; das ist nicht gut, wenn man sich zu einem Dreimonatstörn aufmacht. Wir haben Glück, der Hafenmeister kennt einen Schiffselektriker, der tatsächlich am nächsten Morgen noch Zeit für uns hat. Er macht seine Tests und muss uns dann leider mitteilen, dass die Batterie mausetot ist. Sie wird sofort ersetzt, aber die Lichtmaschine hat auch eine Macke. Mal lädt sie, und mal lädt sie nicht. Das können wir aber jetzt und hier nicht ändern. Und meistens lädt sie ja.

Um 11:00 Uhr sind wir wieder auf dem Wasser. Der Himmel ist wolkenlos, dafür kommt der Wind jetzt aus Südost. Nachdem wir durch die Fehmarnsundbrücke und die anschließende Rinne motort sind, gehen wir an die Kreuz. Wir haben die

Zeit in Drei-Stunden-Wachen eingeteilt, das ist ein sehr entspannter Rhythmus. Als ich um 21:00 Uhr übernehme, hat der Wind direkt auf Ost gedreht und ist dabei, sanft zu entschlummern. So wird das nichts mit unserem Plan, morgen Bornholm zu erreichen. Um Mitternacht sehen wir die Molenfeuer von Warnemünde an Steuerbord, so weit hat uns die Kreuzerei nach Süden versetzt. Inzwischen läuft allerdings der Motor, und der einzige Luftzug, den wir spüren, kommt vom Fahrtwind. Darßer Ort querab um 6:00 Uhr morgens. Hier hätten wir schon die Entscheidung treffen sollen, zu der wir uns erst Stunden später durchringen, als wir schon fast nördlich von Hiddensee sind: Kursänderung Richtung Klintholm. Bis wir da sind, ist es schon wieder Abend. Der Wind, der spinnt, wir wollten es nur nicht wahrhaben.

Die Kreidefelsen von Mønsklint leuchten in der Morgensonne, aber das ist nur ein schwacher Trost für den schwachen Wind. Der dreht von einem Tag auf den anderen mal eben um 180 Grad. Heute kommt er wieder aus Südwest. Wir versuchen es sportlich zu nehmen, setzen den Blister und probieren jede erdenkliche Segelstellung. Mit Groß als Schmetterling, oder ein bisschen höher am Wind, dann, als der Blister in der Abdeckung immer einfällt, auch mal ohne Groß – egal, mehr als zwei, drei Knoten Fahrt sind einfach nicht drin. So dümpeln wir durch den Tag, der warm und sonnig ist, und in die nächste Nacht hinein.

Die allerdings verdient das Prädikat »magisch«. Ich habe die Mitternachtswache. An Backbord voraus blinkt das Leuchtfeuer Sandhammeren. Darüber steht leuchtend hell und klar das große W der Kassiopeia, und um mich herum glitzert das Wasser im Licht eines übernatürlich großen Vollmondes. Ab und zu ziehen lockere Wolkenfelder ein Waffelmuster über den Nachthimmel.

Kurz nach Tagesanbruch ist es vorbei mit der Herrlichkeit. Um 8:00 Uhr sind wir eingehüllt in dichten Nebel. Dabei ist es windstill. Die Maschine brummt. Angestrengt lauschen wir, ob wir Nebelhörner hören, das eigene immer griffbereit.

Für mich als Segler vom Ratzeburger See, der erst seit drei Jahren auf der Ostsee unterwegs ist, ist das Mare Balticum, von dem ja manche behaupten, es sei nur eine überschwemmte Wiese, die große, weite Segelwelt. Abgesehen vom Segeln verbinden mich mit der Ostsee auf jeden Fall die vielen Taufen, die ich in den letzten Jahren in — nicht an! — der Ostsee vollzogen habe. Seit 2005 findet jede Sommerferien unser elftägiges »Konficamp« statt. Von den teilnehmenden bis zu 150 Konfirmanden sind etwa ein Viertel noch nicht getauft. Das holen wir im Camp nach. Der Taufgottesdienst wird am Strand, in unmittelbarer Wassernähe, gefeiert. Meine Täuflinge dürfen alle selbst entscheiden, ob sie wie in der Kirche am Taufstein dreimal Wasser auf den Kopf geschöpft bekommen, oder aber beim Aussprechen der Taufformel dreimal untertauchen wollen. Die meisten entscheiden sich für das Untertauchen. Meine schönste Erinnerung an eine dieser Taufen ist vom Flügger Strand auf Fehmarn. Nach drei Tagen mit West 5 bis 6 hatte sich eine prachtvolle Brandung entwickelt, die die Frage nach dem Untertauchen ganz erübrigte: Dafür sorgten die Wellen. Ich brauchte nur im Wellenrhythmus zu sprechen »Ich taufe dich im Namen des Vaters und des Sohnes und des Heiligen Geistes«.

JASPER, DER EIGNER DER *TUNØ*, IST PFARRER IN HAMBURG

UTKLIPPAN | SONNABEND, 21. MAI

Mein Lebenstraum war immer ein großer Törn, Atlantiküberquerung oder so. Aber das hat nie gepasst mit Familie und Beruf. Normalerweise segele ich auf der Rurtalsperre. Seit letztem Monat bin ich pensioniert, nun wird es die Ostseerunde. Am 27. April habe ich mein Boot an die Schlei getrailert und in Schleswig zu Wasser gelassen. Im Schneetreiben! Bis August habe ich Zeit. Haparanda, ja, das wäre natürlich schön.

SIEGFRIED AUS DER EIFEL SEGELT EINE RETANA 25

Jeder Russe wünscht sich doch eine Datscha. Aber weißt du, was der Nachteil ist? So eine Datscha steht immer am selben Fleck. Immer dieselbe Umgebung. Deshalb habe ich mir ein Schiff gekauft: Das ist meine Datscha. Ende April haben wir das Boot in der Nähe von Stockholm übernommen. Bis jetzt bin ich immer nur im Mittelmeer gesegelt, und eigentlich war mein Plan, da auch so schnell wie möglich hinzukommen. Dann wären wir jetzt schon irgendwo in Holland. Aber wir hatten ja keine Ahnung, was uns hier erwartete. In den Schären haben wir fast das Steuern vergessen, so schön war es da. Woher hätten wir das wissen sollen? In Russland hat man diese Gegend überhaupt nicht auf dem Schirm. So viele schöne Häfen und Städte. Gestern waren wir noch in Visby, was für eine tolle Stadt! Also haben wir unsere Pläne geändert und sind nun immer noch hier, weil wir nichts verpassen wollen. Nur die Zeit, die läuft uns allmählich davon. In zwei Wochen müssen wir in Moskau sein, aber wo sollen wir das Boot lassen, bis wir wiederkommen? Am liebsten in einem Hafen in Deutschland, und da wollten wir euch mal fragen, ob ihr vielleicht einen Tipp habt?

YAROSLAV UND KONSTANTIN AUS MOSKAU SEGELN DIE *RACHEL*, EINE MALÖ 40H. DAS SCHIFF IST ÜBER EINE BRIEFKASTENFIRMA IN DEN USA REGISTRIERT. DAS MACHT MAN ALS RUSSE SO, WENN MAN ZOLL UND STEUERN SPAREN UND ÄRGER MIT DEN BEHÖRDEN VERMEIDEN WILL

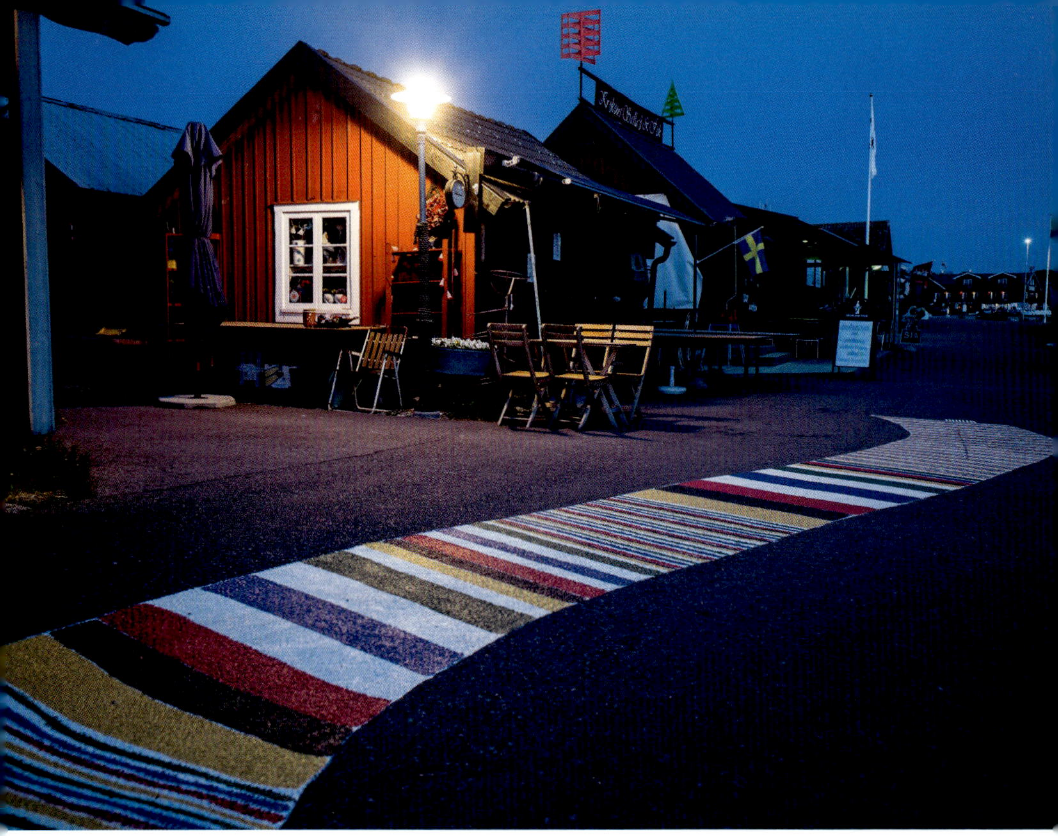

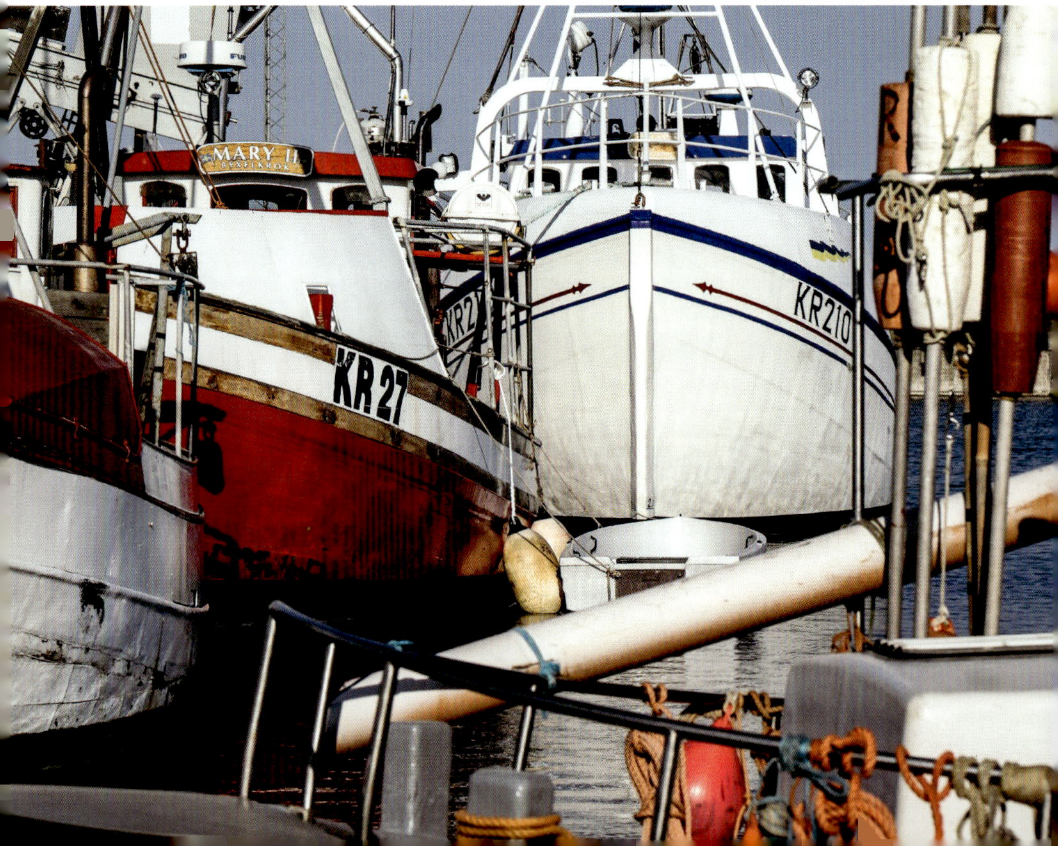
MARY II
KR 27
KR210

Wir befinden uns zwar nördlich des Tiefwasserweges für die dicken Pötte, aber man weiß ja nie. Erst als der Wind soweit zunimmt, dass wir ihm zutrauen, uns unter Segeln ein bisschen Anschub zu geben, hören wir sie. Tief und unheimlich scheinen einige von ihnen näher zu kommen, um sich dann langsam wieder zu entfernen. Oder haben wir uns getäuscht? Manchmal sind wir nicht sicher, ob wir nicht inzwischen akustische Halluzinationen haben. Endlos scheinende acht Stunden dauert der Spuk, dann ist er auf einmal vorbei.

Sundowner auf Utklippan. Außer uns liegen nur noch eine Motoryacht und zwei Segler im Becken. An einer der beiden, einer kleinen Traileryacht, weht Schwarzrotgold am Heck.

Am nächsten Morgen nimmt uns der Sommer in Empfang. Die Shorts werden hervorgekramt. Waren noch ganz unten im Schapp, weil sie doch eigentlich noch gar nicht dran sind. Einer steuert, der andere sonnt sich. Jasper bastelt aus einer Papprolle einen prima Lautsprecher für sein iPhone. Bob Dylan singt was von blowin' in the wind, aber hier bläst garnix. Kalmar erreichen wir mehr oder weniger mit Motorkraft. Von da aus nach Byxelkrok auf Öland. Das wird endlich mal wieder ein Segeltag, der diesen Namen auch verdient. Der Wind will wohl mal nachsehen, was die Sonne hier draußen den lieben langen Tag so macht. Aus Südost kommt er, füllt unsere bunte Blase und beschleunigt uns auf sagenhafte sieben Knoten. Unübersehbar hat die Saison hier noch nicht begonnen. Es ist erst später Nachmittag. Die Strahlen der tiefstehenden Sonne wärmen noch, ein Apfelbaum lässt seine Blüten im Abendlicht leuchten, aber die kleine Budenstadt am Hafen ist menschenleer. Tische und Stühle stehen schon draußen, doch alle Cafés und Restaurants sind geschlossen. Das Sanitärgebäude leider auch – und kein Hafenmeister in Sicht, der die Duschen klarmachen könnte. Im Hafen nur vier Gästeboote, von denen uns eins sofort auffällt. Am Achterstag wehen die Stars & Stripes. Zwei junge Männer an Bord, die aber alles andere als einen US-Dialekt sprechen. Fast könnte man sagen, im Gegenteil. Ihr Akzent ist unüberhörbar russisch.

Adrenalin ist ein ganz schlechtes Schlafmittel, dazu die Pfeifer, die durchs Rigg heulen. Die ganze Nacht beschäftigt mich der Gedanke, ob das wirklich eine gute Idee ist, bei Ostwind Stärke 5 auf den langen Törn rüber nach Estland zu gehen. Am Sonntagmorgen will ich den Absprung wagen. Die TUNØ liegt inzwischen in Fårösund. Zusammen mit Jasper war ich bis Visby gefahren, bei annähernd null Windstärken fast ununterbrochen unter Motor. Größtes Risiko: die Sonnenbrandgefahr. Der Hafen von Visby ist fast leer, als wir einlaufen, wir haben freie Platzwahl und gehen an einem der Stege längsseits, so wie die anderen drei Gastboote auch. Ein beneidenswerter Zustand für alle, die später in der Saison herkommen. Hier ist der Frühling in voller Fahrt, alles blüht gleichzeitig: Tulpen, Kastanien, Apfel- und Kirschbäume. Und überall der Flieder, ganze Straßenzüge sind mit den violetten Hecken gesäumt. Am Hafen ein Eiscafé, besser Eisrestaurant: 180 Sorten, man muss Nummern ziehen wie früher im Ortsamt. Ich wähle Safran, Lemoncurd, Triple Chocolate.

Für Jasper ist der Törn hier zu Ende. Am Donnerstagmorgen steht er mit Sack und Pack auf dem Steg und winkt mir hinterher, als ich unter Segeln ablege und aus dem Hafen kreuze. Eine Träne im Knopfloch, das sehe ich ganz deutlich. Die Brise ist frisch, die Temperatur deutlich gesunken. Die Shorts habe ich erst mal wieder weggepackt. Aber die Sonne scheint. Bis mittags komme ich gut voran, dann schwächelt der Wind. Abends erreiche ich Lauterhorn auf Fårö. Sollte anderswo mal der ein oder andere Hund begraben liegen, dann ist das hier aber mit Sicherheit ein einziger großer Hundefriedhof. Kein Boot, kein Mensch, halb verfallene Hütten am Ufer, alles verriegelt und verrammelt. Dazu das Wetter, das in einen grauen Niesel umgeschlagen ist. Ist es die frühe Dämmerung, oder liegt es daran, dass ich nach zehn Tagen zu zweit nun auf einmal allein bin? Jedenfalls greift mir die Tristesse ans Herz. Schnell wieder weg hier.

FREITAG, 27. Mai, 8:00 Uhr morgens, der erste richtige Regen seit Kiel. Die Sicht wird so mies, dass ich sogar die Positionslichter anknipse. Sechs Meilen bis nach

Fårösund und keine Luftbewegung. Doch für die nächsten Tage wird schon der Ostwind angekündigt, sehr übel für mich und meinen Kurs nach Estland.

Am Sonnabend leihe ich mir ein Fahrrad und nehme die frühe Fähre rüber nach Fårö. Ich bin noch nicht weit gekommen, als mich ein Wohnmobil überholt, das mir auffällt. Nicht nur, weil es ein deutsches Kennzeichen hat, sondern vor allem, weil es von allen Seiten über und über beklebt ist. Ein paar Kilometer weiter parkt es am Straßenrand und die beiden Reisenden studieren die Straßenkarte. Ich komme noch mal am Hafen von Lauterhorn vorbei, diesmal von der Landseite. Schon von Weitem höre ich Hämmern und Sägen, und beim Näherkommen bietet sich mir ein erstaunlicher Anblick: Männer schleppen Bretter heran, an einigen der Buden sind ganze Wände weggenommen worden, ein kleiner Bagger schaufelt eine Rinne, Rohre für Wasserleitungen liegen bereit, und von einem kleinen Lkw werden Waschbecken und Kloschüsseln abgeladen. Es ist also offensichtlich noch jemandem außer mir aufgefallen, dass es mit diesem Hafen so nicht mehr weitergehen konnte.

Weiter auf meiner Radtour. Kilometerlange Kieselstrände, in unregelmäßigen Abständen unterbrochen von abstrakten Felsformationen, die hier Raukar genannt werden. Kaum zu glauben, aber tatsächlich lag Gotland vor rund 500 Millionen Jahren auf der Südhalbkugel der Erde und schob sich dann langsam immer weiter nach Norden. Korallenriffe bildeten sich, deren Überbleibsel, durch Erosion und chemische Prozesse geformt, diese Rauks (so heißt der Plural) sind. Der Ort Fårö selbst ist eigentlich nur eine Straßenkreuzung, an der eine kleine weiße Kirche steht. Auf dem Friedhof daneben liegt der Filmregisseur Ingmar Bergman begraben. Über 40 Jahre hat er hier gelebt. Über seinen ersten Besuch auf dieser Insel schrieb er in seinen Memoiren: »Das Ganze kam so: 1960 sollte ich einen Film mit dem Titel *Wie in einem Spiegel* machen. Er handelt von vier Menschen auf einer Insel. Im ersten Bild tauchen sie aus einem Meer in der Dämmerung auf, einem Meer mit starker Dünung. Ohne je da gewesen zu sein, wollte ich die Außenaufnahmen auf die Orkney-Inseln verlegen.«

Sein Auftraggeber Svensk Filmindustri schlug aus Kostengründen Fårö vor. Bergmann ließ sich zu einem Besuch auf der Insel überreden, innerlich aber immer noch fest entschlossen, in Schottland zu drehen. »Im Film kommt ein an Land getriebenes Wrack vor. Wir bogen um eine felsige Ecke. Dort lag das Wrack, ein russischer Lachskutter, genau wie ich ihn beschrieben hatte. Das alte Haus sollte in einem kleinen Garten mit uralten Apfelbäumen stehen. Wir fanden den Garten. Das Haus konnten wir bauen. Es sollte dort einen steinigen Strand geben, und wir fanden einen steinigen Strand, der sich bis in die Ewigkeit erstreckte. Das Taxi brachte uns schließlich zu den Raukarsteinen auf der Nordseite der Insel. Wir stemmten uns gegen den Sturm und starrten diese geheimnisvollen Götterbilder an, die ihre schweren Stirnen gegen die Brandung heben, und den sich verdunkelnden Horizont, bis uns die Tränen kamen.«

Fårö entspreche seinen »innersten Vorstellungen von Formen, Proportionen, Farben, Horizonten, Lauten, Schweigen, Licht und Reflexen«, schrieb Bergman. »Wenn man es feierlich ausdrücken will, kann man sagen, dass ich meine Landschaft gefunden hatte, mein wirkliches Zuhause.« 1966 begann er mit dem Bau seines Hauses, wenige hundert Meter südlich der Stelle, an der *Persona* gedreht wurde, der zweite Insel-Film.

Nicht weit von der Grabstelle entfernt hat eine Stiftung zum Andenken des Künstlers das Bergman-Center eingerichtet, mit Ausstellungen zu Leben und Werk, einem Kino und einer Bücherei.

Das Wetter war im Laufe des Vormittags immer besser geworden, bis es nachmittags wieder zu regnen beginnt. Obwohl ich von Bushäuschen zu Bushäuschen radele und mich immer wieder unterstelle, komme ich klitschnass zum Boot zurück. Nachdem ich mich umgezogen habe, will ich unbedingt noch einen frischen Wetterbericht für morgen haben. Mittlerweile habe ich mich auf den Windfinder eingeschossen, manchmal liegt der sogar richtig. Alle anderen sind ja auch nicht bes-

FÅRÖ | SONNABEND, 28. MAI

Wir fahren jedes Jahr zweimal mit unserem Wohnmobil los, und das seit zwölf Jahren. An den Aufklebern kann man ja sehen, wo wir schon überall gewesen sind. Ich war früher Lehrer, Gabi war Kunsthändlerin. Dass ich sie getroffen habe, war das größte Glück meines Lebens. Durch sie habe ich soviel Neues entdeckt! In Schweden waren wir schon öfter, aber Gotland und Fårö sind neu für uns. Die Landschaft ist toll, aber vor allem interessieren uns die historischen Gebäude. Fünf Kirchen haben wir uns in diesen Tagen schon angesehen, zehn weitere kommen bestimmt noch dazu.

MANFRED UND GABI AUS EMMENDINGEN

FÅRÖ | SONNABEND, 28. MAI

Gestern sind wir mit dem Schiff aus Nynäshamn gekommen, das Wetter war schrecklich. Aber heute ist es super. Wir sind drei Tage hier auf der Insel. Heute machen wir eine Radtour und sind gerade an den Digerhuvud Rauks. Das sind diese bizarren Felsen hier. Schöner Platz für ein Gruppenfoto. Wir sind 17 Schüler, ein Lehrer und vier Eltern.

DIE KLASSE 9A DER SKURU SKOLA IN STOCKHOLM

FÅRÖ | SONNABEND, 28. MAI

Das hier ist mein Sommerjob. Eigentlich lebe ich in Stockholm, aber meine Familie hat ein Sommerhaus auf Gotland, da fahren wir hin, solange ich denken kann. Ich habe vor zwei Jahren mein Abi gemacht, und Anfang dieses Jahres bin ich drei Monate gereist, nach Bali und Neuseeland. In Neuseeland habe ich mich im Internet nach einem Job umgesehen. Da stieß ich auf die Stellenanzeige vom Bergman-Center. Mein Bewerbungsgespräch habe ich über Skype geführt. Heute ist erst mein dritter Tag hier. Ich muss gestehen, dass der einzige Bergman-Film, den ich je gesehen habe, *Fanny und Alexander* ist, und das ist auch schon ziemlich lange her. Ich muss mir unbedingt bald *Persona* ansehen (*Behind the Mask*), der wird dieses Jahr 50 Jahre alt, und bestimmt kommen Besucher, die was darüber wissen wollen.

ELLEN AUS STOCKHOLM JOBBT DIESEN SOMMER
AN DER KASSE IM BERGMAN-CENTER

ser. Ich erinnere mich an einen Skipper, der jeden Tag bis zu sieben verschiedene Wettervorhersagen aufrief, in der Hoffnung, eine für ihn günstige zu finden. Das ist natürlich albern, eine Ansage reicht mir. Auf See lasse ich bei etwas unsicherer Wetterlage noch den Funk auf Kanal 16 mitlaufen. Da kommen zu bestimmten Zeiten die Ankündigungen für aktuelle Vorhersagen auf englisch, die man dann auf einem der Arbeitskanäle empfangen kann.

Aber unten am Hafen gibt es kein Internet. Das Rot-Kreuz-Café im Ort, hatte mir der Hafenmeister gesagt, hätte für seine Gäste ein WiFi, aber ob das am Sonnabendnachmittag offen hat? Hat es nicht. Die Pizzeria nebenan hat auch keinen Router, aber der Kellner gibt mir einen Tipp, den ich zuerst nicht verstehe. »Du kannst doch rüber zu ICA gehen«, meint er, und zeigt auf den Supermarkt auf der anderen Straßenseite. Der hat zwar geöffnet, aber was ich da soll, ist mir schleierhaft. Ich gehe trotzdem rüber, mein Smartphone im Anschlag, und, oh Wunder, schon vor Erreichen des Eingangs zeigt mir die Anzeige ein Netz an. So kommt es, dass ich zwischen all den Leuten, die mit Tüten und Taschen an mir vorbeieilen und noch die letzten Wochenendeinkäufe erledigen, neben den Kassen stehe und die Windvorhersage runterlade. ICA-Net, man muss es nur wissen.

So schlimm ist der Wind am Sonntag morgen dann eigentlich gar nicht, er kommt nur leider aus der falschen Richtung. Weil das aber die ganze nächste Woche so bleiben soll, muss ich es wenigstens versuchen. Eigentlich total bescheuert. »Gentlemen don't tack«, sagen die Engländer. Aber wenn Wilfried Erdmann losgefahren war, um gegenan einmal um die ganze Welt zu segeln, was sind dann meine lächerlichen 160 Meilen?

»Die Seesegelei folgt einem Abenteurertrieb und in ihrer sportlichen Ausübung einem Spieltrieb«, schrieb Hans Domizlaff 1934 in einem Bericht über seine Reisen mit der Yacht DIRK III. »Alle kleinen Kinder spiegeln in ihren Spielen die von ihnen bewunderten Aufgaben des Erwachsenen. [...] Das ist auch der Kern des Reizes an der Seesegelei. Zuerst wird das Berufsseemannstum nur gespielt. Aber die See kennt keinen Unterschied zwischen Berufsseeleuten und Amateuren, und die Spielerei wird langsam ernst. Welche ungeheure Befriedigung erfüllt das im Sport kindlich gebliebene Gemüt, wenn jede aus dem Spieltrieb der Nachahmung geborene Handlung wesentlich und lebenswichtig wird. Welcher Stolz – nach außen meist uneingestanden – macht sich fühlbar, wenn die Besteckrechungen stimmen, wenn jedes Feuer vorschriftsmäßig herauskommt, und das Schifflein seinen Weg geführt wird, wie bei richtigen Berufsseeleuten. Das ist das Wunderbare am Hochseesport. Wir spielen Erwachsene, wir tun so, als ob wir im Beruf des Seemanns ernste Pflichten zu erfüllen hätten – und dies Spiel wird bis zum innerlichsten Erleben durch die Erkenntnis gesteigert, dass wir tatsächlich richtige verantwortungsreiche Seefahrer sind.«

Kurz vor 8:00 Uhr los, Ost 5, Groß und Fock gerefft. Blauer Himmel, sehr gut für die Stimmung. Wenn's grau und eklig gewesen wäre, wer weiß, ob ich es mir nicht im letzten Moment doch noch anders überlegt hätte. Draußen vor dem Sund sehr beeindruckende Wellen. Nun folgen 42 Stunden Kreuzen nonstop, aber das weiß ich in dem Moment zum Glück noch nicht. Nur dass Abenteuer nicht immer Spaß machen, während sie passieren, das weiß ich schon. Um 18:00 Uhr suche ich meinen Standort auf der Seekarte, und was ich finde, macht mich nicht eben fröhlich. Nach einem ganzen Tag Zickzack-Segelei habe ich zwar schon 50 Seemeilen auf dem Log, aber erst 25 in Richtung Ziel gutgemacht. Der Wind hat mittlerweile abgenommen, damit sind auch die ganz großen Wellen verschwunden. Hoch am Wind kann ich die TUNØ mit festgelaschter Pinne allein fahren lassen. Wie auf Schienen läuft sie immer geradeaus. Ab 23:00 Uhr lege ich mich unter Deck auf die Koje und versuche, ein wenig zu schlafen. Mit der Eieruhr in der Hand, die alle 20 Minuten schrillt, damit ich für einen Rundum-Blick den Kopf aus dem Niedergang stecken kann. Es wird gar nicht mehr richtig dunkel, der Himmel ist hoch und klar. Die Dampfer sehe ich bereits am Horizont, lange bevor sie mir gefährlich werden können. Nach ein paar dieser 20-Minuten-Durchgänge ist die Versuchung groß, das nächste Klingeln zu ignorieren und einfach weiterzuschlafen. Wie gut, dass ich dem nicht nachgebe. Zweimal muss ich tatsächlich Manöver fahren, weil

dicke Pötte auf Kollisionskurs kommen. Der Mond geht auf, ein roter Halbmond, der direkt vor dem Bug aus dem Meer aufsteigt. Ich gucke mir das an, aber ich bin zu müde, um die Kamera zu holen.

Es ist ein Törn durch ein Wechselbad der Gefühle. Um kurz nach 5:00 Uhr kommt die Sonne und weckt meine Lebensgeister. Fünf Stunden später stehe ich eine halbe Meile vor dem lettischen Strand auf der Fünf-Meter-Linie und fahre wieder mal eine Wende. Warme Windböen wie aus einem Föhn wehen Kieferndurft vom Land herüber, aber da ist meine Stimmung bereits wieder im Keller. In der Bilge, sollte ich vielleicht in diesem Fall besser sagen. Die Einfahrt in die Bucht von Riga hat nämlich einen Haken, der heißt Kolka, und von diesem Kap Kolka bin ich noch über 30 Meilen entfernt. Die 30 Meilen allein sind natürlich nicht der Grund für mein Stimmungstief, sondern die 30 Meilen in Verbindung mit diesem Wind! Der hat wieder zugenommen und weht genau aus Nordost die Küste runter. Das Kap liegt also direkt in Luv.

Vielleicht wäre es richtiger, jetzt abzudrehen und nach Ventspils zu laufen. Aber erstens kenne ich den Hafen und seine ganze Scheußlichkeit noch vom letzten Mal, und zweitens, es wäre ja nur ein Aufschub. Für die nächsten Tage ist derselbe Wind zu erwarten. Erst um 20:15 Uhr, also sage und schreibe zehn Stunden später, habe ich es endlich geschafft und das Leuchtfeuer vor dem Kap querab. Der einzige Gedanke, der mich über die letzten Stunden etwas bei Laune gehalten hat war, dass ich ja nun, wenn ich um die Ecke komme, endlich abfallen kann, um entspannt die letzten Meilen, immerhin noch mal etwa 40, nach Ruhnu zu segeln. Aber das war die sprichwörtliche Rechnung ohne den Wirt.

Hinter der Huk bläst es mir natürlich direkt aus Ost entgegen. Nie im Leben ist mir der Spruch vom Weg, der das Ziel ist, dämlicher vorgekommen. Um 2:30 Uhr nachts passiere ich das Molenfeuer von Ringsu Sadam, dem Inselhafen. Logstand 204 Seemeilen. Kurz vor Schluss habe ich eine krasse Wahrnehmungsstörung. Mir kommt die Nacht viel dunkler vor, als die Nächte zuvor. Das Leuchtfeuer der Insel blinkt an Backbord voraus, aber als ich mich umsehe, scheint der Horizont rings-herum anzusteigen, als wäre ich von einem Wall aus Wasser umgeben. Mir ist, als befände ich mich mit meinem Boot am Boden einer gigantischen Schüssel. Der Anfall geht jedoch in dem Moment vorüber, als ich mein Anlegebier aufmache. Hart erarbeitet und wohl verdient, nach dem längsten Einhandschlag, den ich je gesegelt bin.

Vorsommerliche Stille liegt über dem kleinen Hafenbecken, als ich nach dem Auf-wachen mein Gesicht in die warme Sonne halte. Nur zwei andere Yachten außer mir, und beide aus Deutschland. Mein direkter Nachbar ist auch einhand unter-wegs, da kommt man schnell ins Klönen.

DIENSTAG, 31. Mai. Inseltag, Sommerwetter. Für Segler stehen Fahrräder bereit. Ganze sechs Kilometer ist Ruhnu lang. Ich fahre los, durch das kleine Dorf in der Mitte bis zur Nordspitze. Hier läuft das Land in einen breiten Sandstrand aus, be-vor es im kristallklaren Wasser verschwindet. Im Dorf steht eine alte Holzkirche. Sie wurde 1644 erbaut und ist eines der ältesten Holzgebäude Estlands überhaupt (eine neue Kirche, die Anfang des vorigen Jahrhunderts gebaut wurde, weil die alte zu klein geworden war, steht zwei Meter daneben. Wie gut, dass man die alte nicht abgerissen hat, um die neue an ihre Stelle zu setzen). Genau wie vor sechs Jahren stehe ich vor verschlossener Tür, aber diesmal will ich die Kirche unbedingt von innen sehen. Damals konnte ich mich hier übrigens nicht lange aufhalten, weil ich sonst von Millionen gieriger Mücken aufgefressen worden wäre, dieses Jahr gab's noch nicht eine einzige.

Am nächsten Gartentor stehen ein paar Männer und palavern. Ich spreche sie an, und frage, wer mir helfen könnte, in die Kirche zu kommen. So mache ich die Bekanntschaft von Jaan Urvet, dem Bürgermeister der Gemeinde. Kariertes Hemd und rote Schuhe, Schirmmütze auf dem kahlen Kopf und ein breites Lächeln im Gesicht. Ein durch und durch sympathischer Mann.

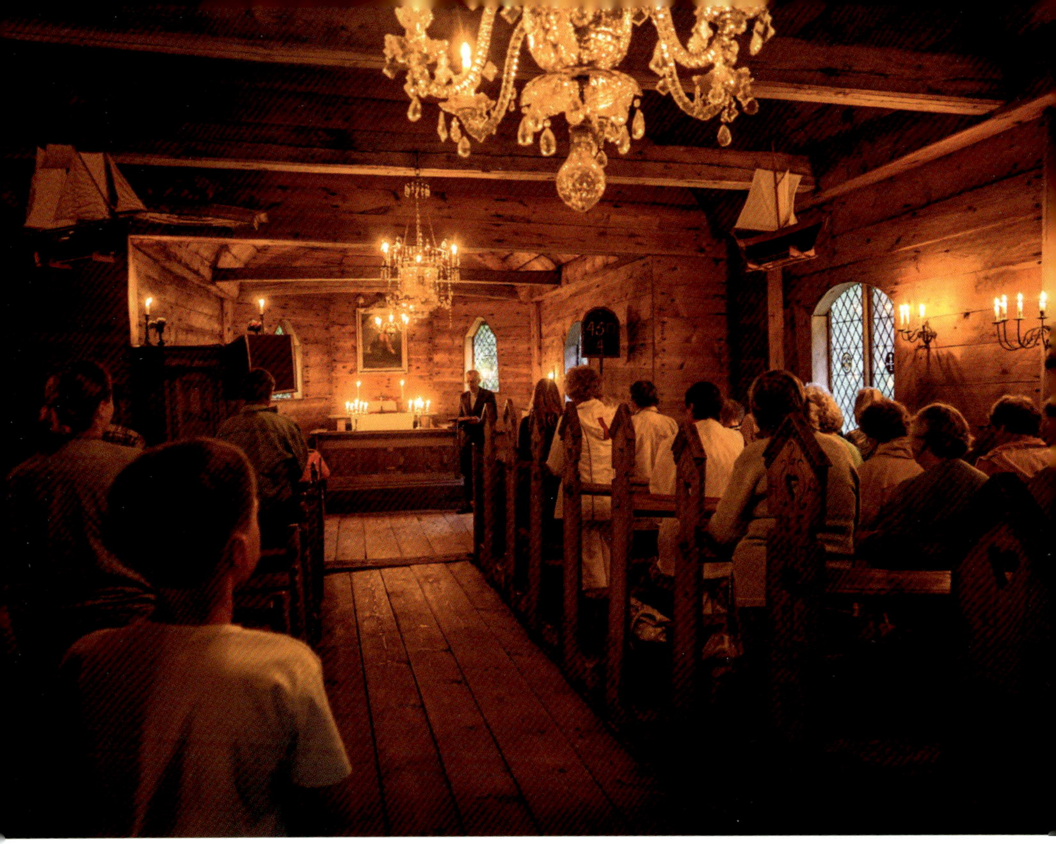

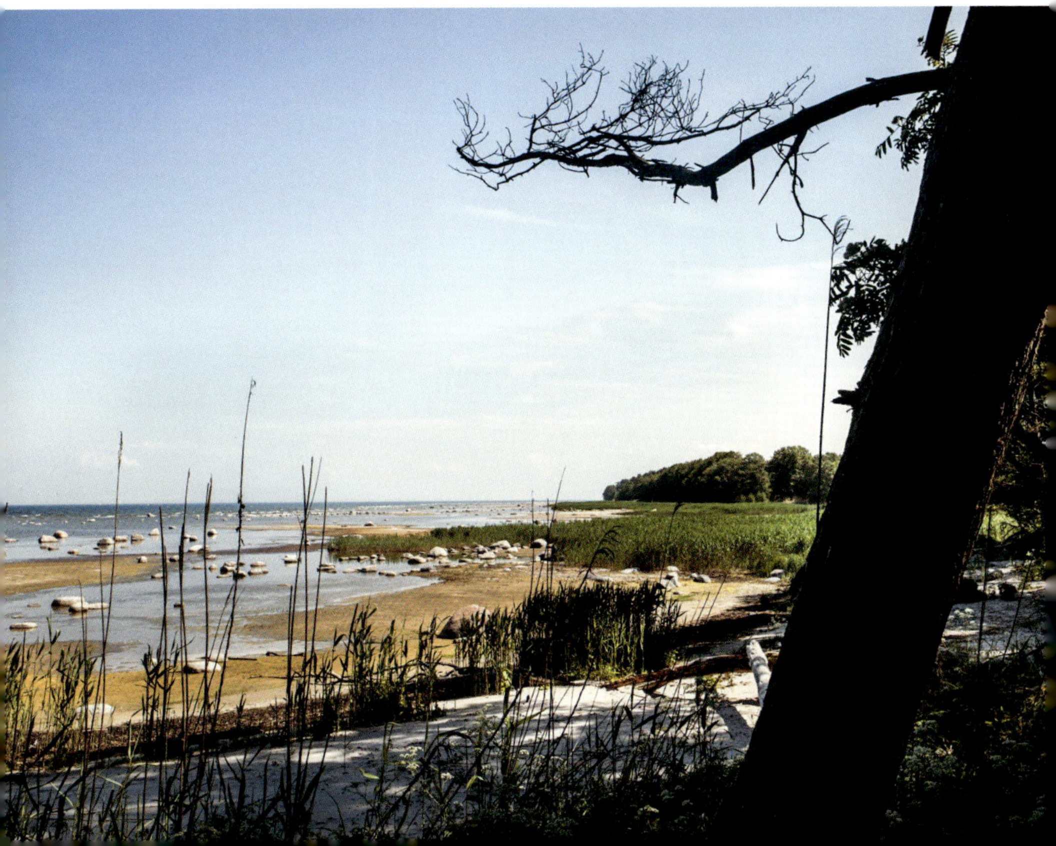

Ich wurde 1948 in Sibirien geboren, in einem sowjetischen Straflager. Meine Mutter war eine Kriegsgefangene, sie hatte im Winterkrieg auf der Seite der Finnen gekämpft. Mein Vater war der Lagerarzt, ein Russe. Er hat meiner Mutter geholfen, eine Stellung im Gefängniskrankenhaus zu bekommen. Das war gut, denn die Arbeit im Wald war viel zu schwer für sie. Kurz darauf wurde er in ein anderes Lager versetzt und verschwand aus unserem Leben. Mit drei Jahren wurde ich meiner Mutter weggenommen und zu meinen Großeltern nach Tallinn geschickt, meine Mutter kam erst viel später aus dem Lager zurück. Als ich 17 war, wollte ich meinen Vater kennenlernen. Ich habe ihn über das Rote Kreuz suchen lassen, und wir haben uns getroffen. Aber wir hatten uns nicht viel zu sagen. Er war durch und durch ein Sowjetmensch. Ich wurde Schauspieler und Theaterregisseur. Jahrelang habe ich das Nationale Estnische Puppentheater geleitet, und dann habe ich ein Zwei-Personen-Stück inszeniert: *Die Überquerung des Niagara,* von Alonso Alegria, einem peruanischen Autor. Damit wurden wir weltweit auf Festivals eingeladen. Wir haben in zwölf Ländern gespielt, auf allen Kontinenten, außer Australien. In Tallinn habe ich in der Kulturbehörde der Stadt mitgearbeitet. Und dann bekam ich vor zwei Jahren die Einladung, für die Bürgermeisterwahl hier auf Ruhnu zu kandidieren. Die fanden hier auf der Insel niemanden, der das machen wollte. Ich war vor zehn Jahren das erste Mal hier gewesen, und es hatte mir so gut gefallen, dass ich dachte, warum eigentlich nicht! Es gibt hier ein richtiges Abgeordnetenhaus. Die 60 ständigen Bewohner wählen alle vier Jahre ein Parlament, bestehend aus sieben Abgeordneten. Ich habe mich also zur Wahl gestellt, und die Abgeordneten waren mehrheitlich der Meinung, ich wäre der Richtige. Seitdem lebe ich hier, und der Job ist toll. Wir machen hier so viel, die Leute sind unglaublich kreativ. Kaum ein Tag, wo ich abends vor 10:00 Uhr den Computer ausschalte. Oft muss ich zu Sitzungen oder Tagungen reisen, nach Kuressaare oder Tallinn. Im Sommer fährt die Fähre, aber im Winter geht das nur mit dem Flugzeug. Wir haben hier eine Landepiste, und bei gutem Wetter fliegt ein kleiner Neunsitzer dreimal die Woche. Manchmal müssen wir aber auch tagelang warten, weil das Wetter zu schlecht ist. Ich lebe hier allein, meine Frau arbeitet als Kunstlehrerin in Tallinn. Einmal im Monat besucht sie mich. Wir haben drei Kinder und sechs Enkel.

JAAN IST DER BÜRGERMEISTER AUF DER INSEL RUHNU

RUHNU | DIENSTAG, 31. MAI

Mein Schiff hat keinen festen Liegeplatz. Das Winterlager ist in Kappeln, im Frühjahr kommt's ins Wasser, ich fahre los, und im August, wenn ich zurück bin, kommt's wieder raus. So mach ich das schon seit zwölf Jahren, seitdem ich pensioniert bin. Davor habe ich ein Sportinternat geleitet. Jetzt bin ich 75, und ich hoffe, dass das noch eine Weile so weitergehen kann. Morgen fahre ich nach Riga, da erwarte ich meine Frau und meine Schwester. Ein paar Wochen fahren wir zusammen weiter, bis ich zum Ende der Saison allein wieder nach Hause segle.

KLAUS AUS BAD SOODEN-ALLENDORF
SEGELT DIE *SAGITTA MARES*, EINE FINNGULF 33

RUHNU | DIENSTAG, 1. JUNI

Ich bin hier der Hafenmeister. Vorher war ich Zimmermann und habe Wintergärten gebaut, meistens im Ausland, in Finnland oder so. 22 Jahre hab ich das gemacht, aber der Job war mir irgendwann zu einsam. Natürlich hat man Kollegen, aber meistens werkelt da jeder so vor sich hin. Dann haben mir Freunde erzählt, dass diese Stelle hier frei wäre. Kann ich ja mal versuchen, einen Sommer lang, hab ich mir gedacht. Das war 2005, vor über zehn Jahren. Wie du siehst, bin ich immer noch hier, und inzwischen glaube ich, ich bleibe auch.

PRIIT, DEN HAFENMEISTER VON RINGSU SADAM
AUF RUHNU, ERKENNT MAN SCHON VON WEITEM
AN SEINER GELBEN LATZHOSE

Er verspricht, den Schlüssel zu besorgen und mich am Nachmittag vor der Kirche wiederzutreffen. Und dann erwähnt er so nebenbei, dass heute Abend Mitglieder einer Kirchengemeinde mit ihrem Pastor aus Kuressaare mit dem Schiff herüberkommen, um in der alten Kirche eine Andacht zu feiern. Das nenne ich einen Glücksfall!

Als ich kurz vor 9:00 Uhr eintreffe, stehen schon einige Damen und wenige Herren in kleinen Grüppchen auf dem Friedhof herum. Alle etwas betagter, nur der Pfarrer, der mit federnden Schritten zwischen den umgefallenen Holzkreuzen hindurch zum Eingang eilt, ist jung. Bis zum Zweiten Weltkrieg gehörte die Insel zu Schweden. Bei den Schweden, hatte mir Jaan erzählt, sei es Sitte gewesen, die Holzkreuze, wenn sie von selbest umgefallen waren, nicht wieder aufzurichten, bis sie am Boden zu Humus zerfallen. Ungefähr 5000 Tote sollen hier im Lauf der Zeit begraben worden sein.

Im Inneren der Kirche, die sich langsam füllt, brennen nun ringsum an den Wänden die Kerzen und lassen in ihrem Licht das uralte Holz wie Bernstein leuchten. Letzte geflüsterte Gespräche verstummen, es wird ganz still, dann stimmt der Pastor ein Lied an und alle fangen an zu singen. Ich mache die Augen zu und sehe die Fischer und Robbenfänger der vergangenen Jahrhunderte in den Bänken sitzen. Ihre Frauen, die in dieser Kirche für die glückliche Heimkehr der Schiffe gebetet haben. Früher saßen rechts die Männer und links die Frauen und Kinder. Der Unterschied wird klar, wenn man sich einen Sitzplatz sucht. Die Bänke rechts sind deutlich bequemer, sie haben viel mehr Beinfreiheit, als die auf der anderen Seite, in die man sich nur mühsam reinquetschen kann. Auch klar, dass alle Frauen heute sofort nach rechts abgebogen sind, und Jaan und ich und die paar anderen Männer alle links sitzen. Für ausgleichende Gerechtigkeit ist es nie zu spät.

Pärnu
und die Dirndl
von Kihnu

Wie jeder Segler weiß, gibt es drei Arten Wind: zu viel, zu wenig und gegenan. Und weil das eine eherne Wahrheit ist, kann ich am anderen Morgen meinen Plan, von Ruhnu direkt nach Kihnu zu segeln, vergessen. Kihnu, das ist die andere kleine Insel im Rigaischen Meerbusen. Gekreuzt hatte ich an den Tagen zuvor weiß Gott genug. Ich lege mir die Seekarten, um zu sehen, was denn sonst gut erreichbar wäre. Kuressaare ist sicher eine interessante Stadt, aber die kenne ich schon. Abruka, die Insel davor, kenne ich noch nicht. Ich finde schon den Namen lustig. Wenn man den laut ausspricht und das R schön rollt, dann finde ich, klingt das nach Speedy Gonzales, eher nach Mexiko als Estland. Nordost, halber Wind also. Goldrichtige Entscheidung. Wolkenloser Himmel und griechische Temperaturen. Ich liege im Cockpit, rieche nach Sonnencreme, muss nur gelegentlich mal an der Pinne zupfen, und mache den Sorbas. Nur ohne Sirtaki und die Schuldenkrise. Mein einziges Problem: niemand da, der mir den Rücken eincremen könnte. Meine Nase pellt sich schon seit Tagen, trotz Faktor 30, da möchte ich gar nicht wissen, wie ich von hinten aussehe.

Als ich später im Hafen den Motor stoppe, ist es so still, das mir die Ohren knistern. Nur ein paar Schwalben fliegen zwitschernd hin und her. Höre Van Morrison: *Hymns To The Silence* – aber nur ganz leise.

Als ich nach dem Aufwachen das Vorluk aufklappe, sehe ich einen Fischer, der an seinem Boot werkelt. Ich frage ihn nach dem Hafenmeister. Er holt sein Handy raus, und ruft irgendwo an. Kurz darauf kommt jemand auf dem Fahrrad angetrödelt. Statt aber mal kurz zu mir rüberzukommen, schließt er sein Büro auf, setzt sich hinter den Schreibtisch und wartet offensichtlich darauf, dass ich ihm meine Aufwartung mache. So ein Dröhner, sieht auch aus, als wenn der Anruf ihn nach einer viel zu kurzen Nacht direkt aus dem Bett geholt hätte. Doch ich brauche ihn, um als Gegenleistung für mein Hafengeld den Zugangscode für das Sanitärgebäude zu bekommen. Vor dem Duschen ein bisschen Bewegung. Ich jogge durch dichten Wald, große, alte Bäume, weitere Attraktionen kann ich allerdings nicht entdecken. Um 10:00 Uhr Leinen los, der Schwachwind briselt immer noch aus Nordost. Die Sonne brennt aufs Deck, und nachmittags wird es so heiß, dass ich nicht mehr barfuß im Cockpit stehen kann!

Jedes noch so zarte Lüftchen versuche ich zu nutzen – wenn ich will, kann ich sehr geduldig sein. Ich muss daran denken, was ich vor einigen Jahren erlebt habe, als ich mit dem Folkeboot im Stettiner Haff unterwegs war. Fast ohne Wind, ganz wenig Fahrt, das Kielwasser nur ein feiner Strich, genoss ich die Stille, als von achtern eine größere Yacht aufkam, laut und stinkig unter Motor, alle Segel aufgetucht. Sie kam recht dicht an mich heran, und als wir nebeneinander waren, beugte sich der Skipper über die Reling, und sagte seufzend: »Ach, man müsste mal Zeit zum Segeln haben.« Habe sehr gelacht damals.

So dümpele ich also mehr, als dass ich vorwärts komme, das Wasser ölig glatt, als ich plötzlich eine Veränderung wahrnehme. Am Horizont wird die Oberfläche dunkler. Ein Hauch von Wind, der stetig näher kommt und der, als er mich erreicht hat, die Segel ganz leicht nach Lee drückt. Mit leise flüsternder Bugwelle setzt sich die TUNØ in Bewegung. Solche Momente sind es, in denen Segler genau wissen, warum sie das tun, was sie tun. Ein Nordwindchen setzt sich durch, nicht viel, zwei Windstärken vielleicht, aber die reichen für vier Knoten Fahrt. Fünf Stunden währt die Glückseligkeit, dann ist Nachtruhe angesagt. Für den Wind, nicht für mich, ich habe noch immer knapp 10 Meilen vor dem Bug.

Um kurz vor Mitternacht liegt die Hafeneinfahrt voraus. An den Hafen kann ich mich gut erinnern, einen Blick ins Handbuch habe ich mir deshalb gespart. Tja – kleine Fehler bestraft der liebe Gott bekanntlich sofort, und Rasmus steht ihm da in nichts nach. Dafür wacht er sogar noch mal auf, macht ordentlich dicke Backen und einen richtig schönen Schwell, auf dem ich direkt ins Hafenbecken surfe. Noch immer denke ich mir nichts dabei; als ich endlich merke, was los ist, ist es zu spät. Die Mole, an der ich längsseits anlegen wollte, gibt es so nicht mehr.

Dafür liegen hier jetzt Schwimmstege und zum Festmachen Heckbojen. Blöd nur, wenn man den Bojenhaken noch nicht klargemacht hat. Und noch blöder, wenn man das in so einer Situation auf die Schnelle hinzukriegen versucht. Dann treibt das Boot nämlich relativ schnell Richtung Flachwasser hinten im Hafen. Natürlich wird man versuchen, mit Motorkraft wieder in den Wind zu drehen, aber der Bug ist meistens recht eigensinnig und will nicht immer so, wie der Skipper will. Ich chaotisiere jedenfalls ziemlich rum, habe aber das Glück, dass trotz der späten Stunde auf einmal drei Männer, zwei Esten und der Skipper einer holländischen Yacht, auf dem Steg stehen. Sie packen den Bug am Korb und halten das Boot so lange fest, bis ich hinten Haken und Leinen klariert habe. Einerseits bin ich dafür natürlich dankbar. Andererseits hätte ich diese peinliche Nummer auch gern ohne Zeugen hinter mich gebracht.

Bei Tageslicht sehe ich dann das ganze Ausmaß der Katastrophe. Der hübsche kleine Hafen, wie ich ihn in Erinnerung hatte, ist durch ein überdimensioniertes Fährterminal verschandelt worden. Mehrere Fahrspuren für Autos, Lichtzeichenanlage, ein Abfertigungsgebäude, alles ein paar Nummern zu groß für so eine kleine Insel. Grauenvoll, was Geld aus Brüssel anrichten kann.

Jetzt tauchen einige Frauen in landestypischer Tracht auf. Wadenlange Röcke aus gestreiftem Stoff, eine Schürze drauf und oben drüber eine meist weiße Bluse. Na wenigstens das ist noch so, wie's immer war, denke ich. Es geht ja die Mär vom Matriarchat auf Kihnu, den Inselfrauen, die sich ganz selbstverständlich zwischen Tradition und Moderne bewegen und hier alles im Griff haben, während ihre Männer dem Alkohol und dem Müßiggang verfallen sein sollen. Weswegen Frauenzeitschriften (deutsche vor allem) seit Jahren regelmäßig ihre Reporterinnen herschicken, die diese Legende am Leben halten.

Lkws kommen angerollt (am Steuer sitzen Männer), die Ladeflächen für den Personentransport mit Sitzbänken ausgestattet. Alles wartet auf das kleine Fährschiff aus Pärnu. Das hat mehrere Touristengruppen an Bord, ebenfalls vorwiegend

Frauen, die sofort von den Trachtenträgerinnen in Empfang genommen und zu den Sammeltaxen geleitet werden. Diese fahren dann ein paar Meter bis zu einer großen Infotafel, wo sie ordentlich in einer Reihe warten, bis sie dran sind. Hier zeigt sich die wahre Profession der Insulanerinnen: Es sind ausgebildete Fremdenführerinnen, die nun routiniert Geschichte und Geschichten zum Besten geben, bevor die Wagen sich zur Inselrundfahrt in Gang setzen. Ihre Trachten tragen sie, wie die Münchenerin ihr Dirndl, wenn Besuch von auswärts kommt. Oh wie schön ist Ruhnu! Hoffentlich machen sie da nicht irgendwann denselben Mist.

Einer der Männer, der mir in der Nacht zuvor bei meinem versemmelten Manöver geholfen hatte, sitzt derweil ganz entspannt in der Sonne auf der Mole neben einem großen, weißen Gaffelkutter. Ich schlendere rüber, um mich noch mal für seine Hilfe zu bedanken.

SONNABEND, 4. Juni. Eine herrliche Segelbrise hat mich gestern Nachmittag noch hierher gepustet. Abends lag ich längsseits am Steg des Pärnu Yachtclubs. Piekfeiner Laden, nette Bar, eiskalter Gin Tonic. Heute Hafentag wie geplant. Komischerweise ist die Bootstankstelle geschlossen, sie öffnet angeblich erst im Juli. Keine Ahnung, wie's die anderen machen, vor allem die mit den größeren Tanks. Ich kann improvisieren, ich habe ja nur drei Kanister. Die schnappe ich mir und laufe zur nächsten Autotankstelle. Unterwegs noch ein Abstecher in den Supermarkt, dann lohnt sich die Rückfahrt mit dem Taxi.

Es ist wieder sommerlich warm heute, die Stadt ist voll und wuselig, viele Frauen, alle tragen Tracht. Lieblingsfarbe: bunt gestreift, dass mir die Augen flimmern. Hier ist das aber authentisch, denn heute findet in der Stadt das Nationale Liederfest statt. Den ganzen Tag treten Frauen- und Mädchenchöre aus ganz Estland auf, überall wird gesungen. Auf Parkbänken und Rasenflächen sitzen sie und blättern schnell noch mal ihre Noten durch, bevor sie in die Säle eilen. Meine Neugier ist nicht geheuchelt, als ich zwei jungen Mädchen über die Schulter schaue und sie frage, was sie singen werden. Denn Chorgesang, das sagt mir was. Ich singe selbst seit vielen Jahren und gebe mir Mühe, als Tenor immer so gut es geht den richtigen Ton zu treffen.

Der Höhepunkt am Abend ist ein großes Open-Air-Konzert im Munamäe Park. In einer langen Prozession ziehen sie in die Arena, junge Frauen, alte Frauen, jeder Gruppe voran eine Fahnenträgerin, die mit großem Ernst die blauschwarzweiße Nationale schwenkt.

Am Sonntag macht der Sommer Pause. Windig ist es, und wieder so kalt geworden, dass ich zum Frühstück die Nutella in Würfeln aus dem Glas schneiden muss. Ich beschließe, noch einen Tag zu bleiben und mache es mir unter Deck gemütlich. Immerhin ist es trocken. Jedenfalls bis zum Nachmittag. Kurz nachdem das Boot mit der Schwedenflagge, das hinter mir am Steg lag, ausgelaufen ist, verdunkelt sich der Himmel, und eine Schauerbö fegt über den Hafen. Drei Männer auf neun Metern Segelboot, sowieso ziemlich eng. Und nun sind die Ärmsten bestimmt noch richtig schön nass geworden.

Es bleibt auch am Montag kalt, aber sonnig. Sehr nordisch. Seit 8:00 Uhr bin ich unterwegs. Will mal sehen, wie weit ich komme bei dem Nordwind. Später am Vormittag ziehen große Wolken auf. Wenn man so allein vor sich hinsegelt, kommt man ja auf komische Gedanken. Wie lautet eigentlich der Plural von Cumulus? Cumulusse? Cumulanten? Cumuli? Ich glaube, so ist es richtig. Muss natürlich wieder kreuzen, fluche über die Wellen, die wirklich, aber wirklich direkt von vorn kommen, schräg zur Windrichtung. Habe mir den Hafen von Kuivaste vorgenommen, aber Koiguste wäre vielleicht die bessere Alternative, da könnte ich nämlich abfallen. Schwanke noch, als es plötzlich mit 5 bis 6 losknattert. Reffe beide Segel, gebe alles. Als ich merke, Koiguste wäre richtig, ist es schon zu spät, das wäre jetzt wieder zurück. No way! Also weiter. Die letzten 10 Meilen dänische Kreuz (für Landratten: mit Motorunterstützung). Trotzdem ist es wieder Mitter-

Bis 1996 habe ich auf einer Kolchose gearbeitet. Den Job habe ich geliebt. Vor allem die Arbeit mit den Tieren. Ich habe fünf Kinder, wir waren eine glückliche Familie. Aber nach dem Ende der Sowjetzeit dauerte es nur fünf Jahre, dann hatte ich den Job verloren. Und meine Familie dazu. Ohne Arbeit konnte ich nicht mehr für sie sorgen. Ich habe alles Mögliche ausprobiert, aber ich hatte angefangen zu trinken. Deshalb verlor ich eine Stelle nach der anderen. Es ging immer weiter bergab, bis ich schließlich auf der Straße landete, ein Obdachloser. Und ich soff immer weiter. Irgendwann im Winter 2007 ging ich mit einem Kumpel durch die Stadt, es war sehr kalt, und er sagte, komm, lass uns ich die Kirche da vorn gehen, vielleicht kriegen wir da sogar einen Kaffee. Ich meinte, das können wir nicht machen, aber er zog mich rein. Wir setzten uns also in die letzte Reihe. Ich hatte ziemlichen Schiss, ich weiß noch, wie ich mich umguckte. Doch niemand beachtete uns. Nach dem Gottesdienst kam der Pastor auf mich zu, gab mir seine Hand, und sagte: »Hallo, wie geht es dir?« Das hat mich ziemlich umgehauen, dass der mich überhaupt bemerkt hatte. Von da an war ich jeden Sonntag da. Ich habe auch versucht, mit dem Trinken aufzuhören, aber das hat nie so richtig geklappt. Eines Tages, im Mai 2007 war das, kam der Pastor wieder zu mir und fragte: »Willst du eine Arbeit haben, auf einem Schiff?« Das war ein alter Fischkutter, der von Mariehamn nach Estland gebracht werden sollte. Ich wusste nicht mal, wo Mariehamn liegt, aber ich hatte mein Leben lang einen geheimen Traum gehabt: Dass ich einmal auf einem alten Holzschiff segeln würde. In der Nacht damals habe ich gebetet, und Gott gefragt, was ich tun soll. Und da habe ich zum ersten Mal seine Stimme gehört, wie er zu mir gesagt hat: »Mach das!« Am 14. Juni um 5:00 Uhr früh, ich weiß das noch, als wenn's gestern gewesen wäre, saß ich im Bus, und einen Tag später stand ich zum ersten Mal auf den Planken der JENNY KRUSE. Ich habe mit dem Saufen aufgehört, ich habe Bibelkurse gemacht und einen Segellehrgang. Und seit fünf Jahren bin ich der Skipper und lebe auch auf dem Schiff. Wir fahren mit einer Stammcrew, und dazu nehmen wir Menschen mit, die ihre Probleme nicht allein in den Griff kriegen. Drogen, Alkohol, alles Mögliche. Denen versuchen wir hier zu helfen. Mit meinen Kindern habe ich wieder guten Kontakt, und inzwischen bin ich sogar Großvater. Fünf Enkel habe ich schon!

TARMO AUS PÄRNU IST SKIPPER DER *JENNY KRUSE*, EINEM EHEMALIGEN HAIKUTTER, GEBAUT 1944 IN SKAGEN. DAS SCHIFF GEHÖRT DER SCHWEDISCHEN ORGANISATION »SHALOM« UND IST EINS VON 25 CHRISTLICHEN MISSIONSSCHIFFEN, DIE WELTWEIT IM EINSATZ SIND

nacht, als ich endlich da bin. 80 Meilen, vielleicht sollte ich mal wieder kürzere Etappen planen. Dafür ist der Wind im Hafen ganz weg. So klappt das Manöver. Der Holländer aus Kihnu ist auch wieder da. Leider schläft er aber heute und sieht gar nicht, wie easy ich das diesmal hinkriege. Beim Frühstückskaffee lerne ich die Schweden, die vorgestern aus Pärnu in die Schauerbö gefahren sind, kennen. So ist das hier. Die Häfen sind fast leer, wer unterwegs ist, segelt mehr oder weniger dieselben Etappen, da kommt man wie von selbst miteinander ins Gespräch.

Am Dienstag erreiche ich nach nur 34 Seemeilen abends Haapsalu. Ein echter Sahne-segeltag. Statt der angesagten 5 mit Böen bis 22 Knoten nur lockere 3 Beaufort. Und die aus der richtigen Richtung, aus West. Ich kann es kaum glauben: Ein ganzer Tag ohne zu kreuzen! Wenn ich also gestern nach Koiguste gefahren wäre … Aber solche Gedanken sind müßig. Ich freue mich lieber, dass ich mal wieder den Blister lüften kann.

In Haapsalu mache ich am ersten der drei Anleger fest, weil da die MAGDA mit den drei Schweden liegt, und auch der Holländer ist schon da. (Wer es bis jetzt noch nicht gemerkt hat, die anderen sind irgendwie immer vor mir da, selbst wenn sie erst später losfahren. Ich gucke inzwischen schon gar nicht mehr hoch, wenn mich wieder jemand überholt. Nein, ein Racer ist die TUNØ weiß Gott nicht.) Doch das Mädel im Hafenbüro will 30 Euro von mir haben. Pro Nacht! »Sorry«, sage ich, »aber nicht mit mir.« Es gibt nämlich Alternativen. Gleich nebenan sind zwei wei-tere Steganlagen, die Grand Holm Marina und der Segelclub. Dorthin verhole ich mich, denn dort habe ich früher schon gut gelegen. Ist allerdings sehr einsam da. Das Clubrestaurant öffnet erst am nächsten Tag, das Büro ist der Tresen, also auch geschlossen. Kein Internet, keiner zum Schnacken – das fühlt sich nicht gut an. Als ich mit solchen etwas trüben Gedanken in der Abendsonne sitze, kommen Olle, Ragnwaldh und Johan angeschlendert. Sie haben drüben noch nicht bezahlt, finden es da auch zu teuer und wollen mal gucken, wo ich abgeblieben bin. Kurz darauf liegt die MAGDA nebenan am Steg und wir sitzen zu viert bei einen Glas Vino bei mir im Cockpit.

PÄRNU | SONNABEND, 4. JUNI

Wir sind Kirke und Anneli und beste Freundinnen. Anneli wohnt zwar nicht in Pärnu, sondern in Kullamaa, ungefähr eine Stunde nördlich von hier, aber wir singen
im selben Chor. Alle zwei Monate haben wir zusammen ein Probenwochenende, immer
an verschiedenen Orten in Estland, da sehen wir uns. Gleich werden wir mit unserem Programm hier im Alten Rathaus auftreten. Wir sind ein reiner Mädchenchor
und singen estnische Volkslieder.

KIRKE (RE.) SINGT SOPRAN, ANNELI IM ALT

PÄRNU | SONNABEND, 4. JUNI

Ich trage die traditionelle Tracht aus Tori, das ist eine kleine Gemeinde nicht weit von hier. Jede Gemeinde in Estland hat ihre eigenen, typischen Farben für die Röcke der Frauen, aber gestreift sind sie fast immer. Was ich hier trage, ist übrigens echte Handarbeit, eine Freundin von mir hat das genäht. Es gibt natürlich eine Menge feiner Unterschiede. Nur verheiratete Frauen tragen zum Beispiel eine Schürze und eine Haube, so wie ich. Heute ist die ganze Stadt voller Frauen aus allen Teilen des Landes in ihren speziellen Trachten, heute ist nämlich ein nationaler Feiertag: der Tag der estnischen Flagge. Und außerdem natürlich unser Liederfest. Das findet alle zwei Jahre statt, dieses Jahr zum ersten Mal in Pärnu. Nachher gibt es hier auf der Freiluftbühne das große Abschlusskonzert. Frauen-und Mädchenchöre aus ganz Estland werden zusammen singen, ungefähr 1700 Sängerinnen! Und ich bin dafür verantwortlich, dass alles klappt.

ALLI AUS PÄRNU ARBEITET IN DER KULTURBEHÖRDE DER STADT UND IST ZUSTÄNDIG FÜR DIE ORGANISATION VON LIEDER-, TANZ- UND FOLKLOREFESTEN

KUIVASTU | DIENSTAG, 7. JUNI

Ich lebe auf der Insel Yxlo, die liegt in der Nähe von Nynäsham, und ich bin Boots-bauer. Allerdings baue ich Motorboote aus Aluminium. Dieses Segelboot habe ich erst im letzten Oktober gekauft, und wir sind letzte Woche direkt von Schweden rüber nach Kuressaare gesegelt. Um ehrlich zu sein, war das der erste Törn mit diesem Boot, der länger als eine Seemeile war. Tagsüber gucken wir uns mit unseren Klappfahrrädern die Gegend an, segeln tun wir am liebsten nachts. Das ist jetzt im Sommer doch toll, diese Sonnenunter- und -aufgänge! Und zu dritt geht das gut, alle drei Stunden wechseln wir uns ab. Dunkel wird es sowieso nicht mehr.

THREE MEN IN A BOAT:
JOHAN, OLLE (DER EIGNER IN DER MITTE) UND RAGNWALDH
SEGELN DIE *MAGDA*, EINE MAXI MAGIC VON 1985

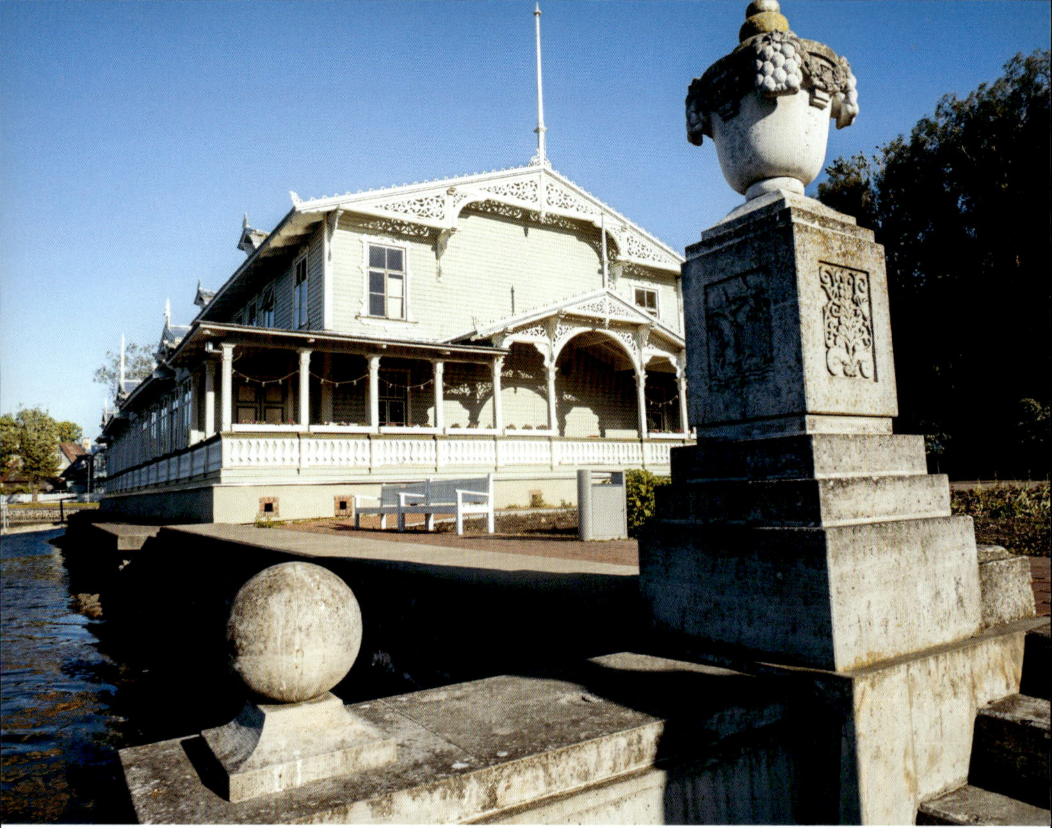

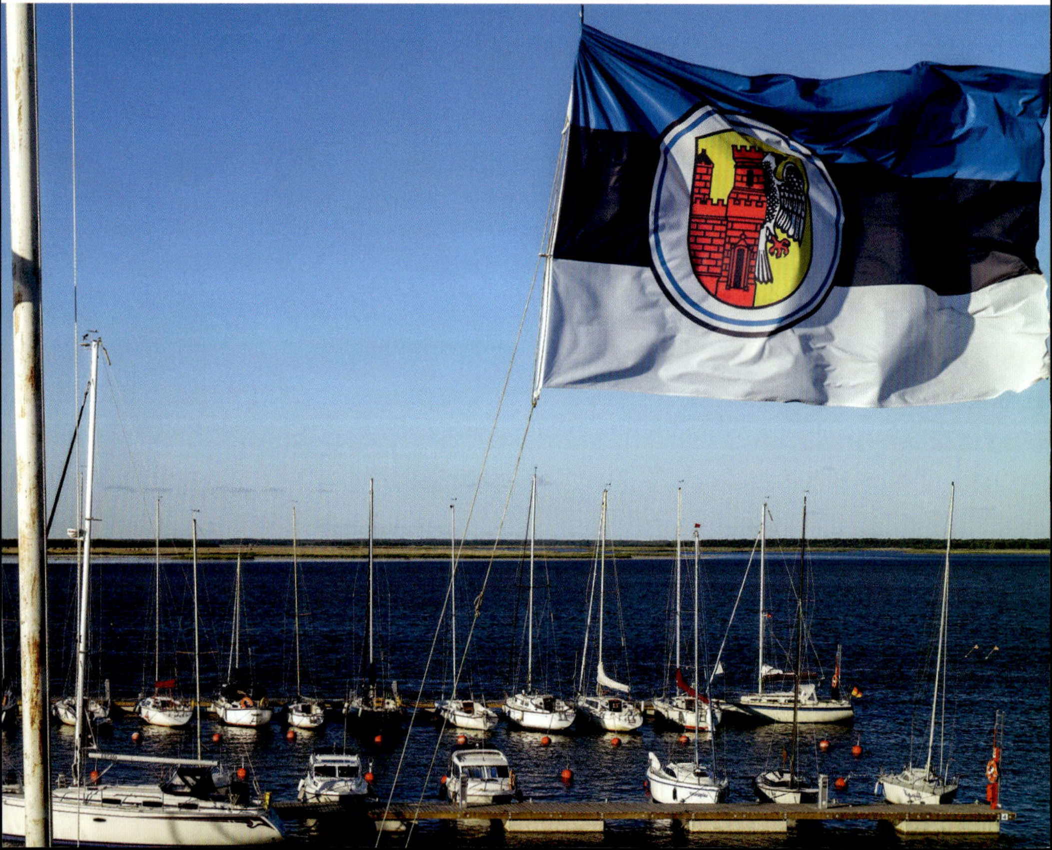

Tallinn

und die Frage:

Mart

oder

Mädchen

Der Hafentag in Haapsalu beginnt mit einem Trommelwirbel auf dem Kajütdach. Ein schwerer Regenguss, der mich am frühen Morgen weckt. Aber das war's dann auch. Schon zum Frühstück ist der Himmel wieder so blau wie der blaue Streifen in Estlands Fahne. Und nicht lange, da ist das Wasser vorm Hafen so weiß wie der andere Streifen. Der angesagte Nordwest, Grund für mein Hierbleiben, hat eingesetzt und bringt die Wellenkämme zum Blitzen. Die Vorhersage stimmt also heute mal. Leider ist das der Wind, den ich nun am wenigsten gebrauchen kann, denn als nächstes muss ich mit Kurs 330° durch die enge Vormsi-Straße, und da ist wenig Platz zum Kreuzen. Aber ich weiß auch, dass man es in Haapsalu sehr gut einen, wie sich später herausstellen soll, auch zwei Tage aushalten kann. Das Vereinslokal hat geöffnet, das WiFi funktioniert, ich setze mich mit meinem Laptop in eine Ecke und trinke mir langsam einen Koffeinrausch an.

Von hier aus will ich nämlich meinen Kurztrip nach Sankt Petersburg organisieren. Schon zu Hause hatte ich mich informiert: Man kann von Helsinki aus mit einem Fährschiff hinfahren und braucht kein Visum. Bis zu 72 Stunden darf man im Land bleiben, einzige Bedingung ist, dass man auf dem selben Weg wieder ausreist, auf dem man reingekommen ist. Hier und jetzt, wo Helsinki quasi schon in Sichtweite ist, kann ich mich auf einen Termin festlegen. Die Passage ist schnell gebucht, aber das Hotel für die beiden Übernachtungen wird zum Problem. Die Weißen Nächte kurz vor Mittsommer, da ist die Stadt voller Touristen.

Während ich noch suche und überlege, klingelt mein Telefon. Klaus-Dieter aus Hamburg ruft an. Mit Klaus verbindet mich eine lange Freundschaft noch aus alten Berliner Tagen. Damals hatte ich mein erstes eigenes Boot, einen gebrauchten 470er, am Wannsee liegen, und Klaus und Freundin Elke segelten eine Sailhorse. Später teilten wir uns einen Dragonfly, mit dem wir dem Teufel das eine oder andere Ohr absegelten. Inzwischen verbringen die beiden mehrere Monate im Jahr auf ihrem 46-Fuß-Katamaran im Mittelmeer, aber jetzt waren sie offensichtlich gerade zu Hause. Der Anruf ist eine gelungene Überraschung; ich freue mich sehr, seine Stimme zu hören. Der Grund seines Anrufs erfreut mich noch viel mehr. »Wo bist du denn gerade?«, möchte er wissen. Als ich ihm erzähle, dass ich plane, am Wochenende in Tallinn zu sein, sagt er nämlich: »Na, da komm ich dich doch mal besuchen.«

Mann, das ist ja klasse! Ich würde nicht sagen, dass ich mich bisher mal irgendwann so richtig einsam gefühlt habe, einsam im Sinne von traurig und verlassen. Wenn es draußen schifft und nebelt, so wie neulich in Lauterhorn, wenn das Wetter aufs Gemüt drückt, dann vielleicht mal so ein bisschen. Dazu kam, dass ich mich nach zehn Tagen zu zweit überhaupt erst mal ans Alleinsein gewöhnen musste. So eine Umstellung will ja verarbeitet werden. Allermeistens kann ich das Alleinsein durchaus genießen, würde ich sonst so einen Törn machen? Andererseits gehöre ich aber durchaus zu den geselligeren Menschen. Deshalb freue ich mich über die Aussicht auf Besuch, umso mehr, weil ich damit nicht gerechnet habe. Ich gehe nach vorn zum Tresen und ändere meine nächste Bestellung von Kaffee auf Bier. Ein Hotelzimmer in Petersburg finde ich dann auch noch, mitten in der Stadt.

Froh gestimmt ob dieser Aussichten laufe ich am Donnerstag durch das Städtchen. Die Fahnen am Hafen stehen immer noch steif im Wind. Ich habe mein Boot inzwischen mit dem Bug nach Luv gelegt, so kann mir auch ein weiterer Schauer nichts ausgemacht. Kommt aber keiner, der Himmel bleibt wie blankgeputzt. Ich verhole mich ins Alte Kurhaus und bestelle Kaffee und Kuchen bei Silja, deren Augen so blau leuchten wie der Himmel über Haapsalu.

Es ist noch immer kalt, aber der Wind hat auf Südwest gedreht, als ich am Freitag schon um 8:00 Uhr still und ohne Dieselgebrumm ablege. Die Sonne scheint, es sieht nach einem schönen Segeltag aus. Hinter mir ist ein Folkeboot ausgelaufen. Ich habe die Blase gezogen, die Jungs auf dem Folke setzen ihren Spi. Nicht dass ich ernsthaft glaube, ich könnte ihnen davonsegeln, aber immerhin kommen sie nur langsam näher. Immer wenn ich mich nach ihnen umdrehe, sehe ich allerdings auch den

Böenkragen, der sich am Horizont gebildet hat, und der nun drohend heranzieht. Die Wolke ist viel schneller als unsere beiden Boote und hat uns bald eingeholt. Schwarz und unheimlich hängt sie über uns, ziemlich hässlich mit ihrer ausgefransten Unterseite. Schon längst habe ich den Gennaker geborgen und warte nun gespannt, was wohl als nächstes passieren wird. Eine halbe Stunde dauert es noch, die Spannung steigt. Dann kracht der erste Donnerschlag. Blitze zucken rundherum, aber zunächst bleibt alles trocken. Erst eine halbe Stunde später folgt die Regenbö. Die ist aber nur von kurzer Dauer, der Wind zieht weiter und lässt mich buchstäblich im Regen stehen. Es schüttet wie aus Eimern. So und ähnlich geht es den ganzen Tag weiter. Heftige Regenschauer, Flaute, Motorfahrt. Der Wind kommt, wenn es denn mal kurz aufbrist, aus Ost. Das einzige Highlight ist eine SMS von Klaus. Er hat für morgen einen Flug nach Tallinn gebucht und sogar noch den Ein-Tages-Kurztrip nach Sankt Petersburg dazu! Das kann mich allerdings aufheitern.

Der Tag findet zu guter Letzt ein versöhnliches Ende, wenn auch reichlich spät. Als ich um 22:30 Uhr endlich in die Tallinn-Bucht einbiege, hat eine gleichmäßige Abendbrise eingesetzt. Mit dichtgeholten Schoten bekomme ich einen schönen Anlieger. Hinter mir im Nordwesten geht rotglühend die Sonne unter, vor mir, über den Türmen der Stadt, leuchtet ein perfekter Regenbogen. Es ist mal wieder Mitternacht, als ich im Cockpit meine Logbucheintragungen machte, und mittlerweile ist es um diese Zeit so hell, dass ich dazu nicht mal eine Lampe brauche.

Ich bin übrigens am Freitag trotz Flaute und Schauern nur deshalb an allen möglichen Häfen vorbei- und gleich bis Tallinn durchgefahren, weil die Vorhersage für den Sonnabend so richtiges Schietwetter prophezeit hatte. Als ich morgens aus dem Niedergang gucke, weiß ich, dass ich das richtig gemacht habe. Nordost, tiefhängende Wolken, Regen. Troyer und Regenjacke sind die passende Kleidung für den Landgang. Das Kopfsteinpflaster in der Altstadt glänzt vor Nässe, trotzdem drängen sich die Touristen in Massen dicht an dicht durch die engen Gassen. Plötzlich stockt der Fluss. Dumpf wummernde Bässe kommen näher und dieses

Motorgrollen, das nur alte amerikanische Straßenkreuzer hinkriegen. Eine kleine Kolonne dieser Boliden kommt um die Ecke gerollt, die Fenster runtergekurbelt und die Verdecke zurückgeklappt, damit der Schallpegel schön hoch bleibt. Ich glaube, einer hat sogar Außenlautsprecher montiert. Eine witzige Mischung jedenfalls, Rockabilly meets Punk. In einem der Schlitten sitzt ein Mädchen mit grünen Haaren.

Gegen Abend klart es im Westen wieder auf. Als ich noch mal in die Stadt gehe, wirft die Abendsonne ihren goldenen Glanz über den Rathausplatz und lässt den Regenbogen wieder leuchten: Was für ein prächtiges Schauspiel! Ich habe mich mit Klaus im *Hell Hunt* verabredet, weil das eine nette Kneipe ist, in der ich früher schon mal eingekehrt war. Und weil jeder Taxifahrer diesen Laden kennen sollte. Das Flugzeug landet erst spät, so habe ich schon ein paar Biere Vorsprung, als Klaus um 0:30 Uhr durch die Tür tritt und mit ausgebreiteten Armen auf mich zukommt.

Mit Klaus kommt auch der Sommer wieder. Zum Sonntagsfrühstück können wir den Tisch im Cockpit aufbauen und die Regenjacken wieder einpacken. So früh in der Saison ist in den Häfen hier eigentlich noch ziemlich wenig los. Wenn nicht, so wie gerade dieses Wochenende, eine Regatta-Flotte mitsamt dem ganzen Tross Station macht. Ich hatte vorgestern schon etwas Mühe, noch einen Platz für meine kleine TUNØ zu finden, weil fast alle Liegeplätze von großen, schnellen, teuren Racern und diversen Begleitbooten belegt waren. Zum fünften Mal segeln Teams aus Russland, Estland, Deutschland und erstmalig auch aus Holland eine Regatta um den »Ust-Luga-Cup«, benannt nach einem wichtigen russischen Seehafen. Die Teilnehmer auf den zwölf Schiffen sind allesamt keine Profis, sondern Angestellte von Unternehmen, deren Geschäftsfeld irgendwas mit dem Ostseehandel zu tun hat. Das Ganze dient also wohl nicht zuletzt auch der Förderung von Wirtschaftsbeziehungen. Aufgeteilt ist die Wettfahrtroute in die Etappen Tallinn–Helsinki–Kotka–Kronstadt, mit einer großen Abschlussparade auf der Newa in Petersburg. Gestern, bei dem Mistwetter, waren sie alle draußen in der Bucht, um

HAAPSALU | DONNERSTAG, 9. JUNI

Die Managerin hier ist eine Freundin von mir, und sie hat mich gefragt, ob ich diesen Sommer im Service aushelfen könnte. Eigentlich wohne ich in Tallinn, da hatte ich einen Job als Buchhalterin in einer finnischen Firma. Das war, na ja, auf die Dauer etwas langweilig. Ich hab früher schon mal in einer Kneipe gejobbt, im Hell Hunt, und ich hatte Lust auf was Neues, deshalb habe ich Ja gesagt. Im Moment ist es noch ziemlich ruhig, die Saison hat noch gar nicht richtig angefangen. Aber wenn wir Partys haben, dann geht hier richtig die Post ab. Ich arbeite drei bis vier Tage die Woche, den Rest der Zeit bin ich zu Hause bei meinem fünfjährigen Sohn, Karl Trevor. Wenn ich hier in Haapsalu bin, ist er bei meinen Eltern. Nach der Saison im Herbst will ich mich selbstständig machen. Ich werde ein Start-up-Unternehmen gründen, und zwar einen Verleih von Kinderwagen für junge Eltern, die als Touristen nach Tallinn kommen. In anderen Städten gibt es sowas schon.

SILJA AUS TALLINN JOBT ALS KELLNERIN
IM KURSAAL IN HAAPSALU

TALLINN | SONNABEND, 11. JUNI

Die Jungs hier sind mit dem alten Buick aus Stockholm gekommen. Ich hab sie vorhin ganz zufällig getroffen. Jetzt wollen wir ein bisschen Spaß haben und cruisen mit den anderen durch die Stadt.

GRETE MIT DEN GRÜNEN HAAREN

eine Kurzwettfahrt zu segeln, heute startet die Wettfahrt rüber nach Finnland. Unser Frühstückstisch ist ein Logenplatz, von dem wir beobachten können, wie das Regattafieber langsam steigt. Letzte Vorbereitungen auf den Stegen, große Segel werden vorsichtig zusammengelegt und an Bord gebracht, dann legt einer nach dem anderen ab, und die Ruhe der Vorsaison kehrt wieder ein.

Es gibt seit ein paar Jahren eine feine Möglichkeit, eine fremde Stadt kennenzulernen. Ich spreche von den sogenannten Free-Walking-Tours. Junge Leute führen einen durch die Stadt und halten einen durch profunde Sachkenntnis geprägten Vortrag. Dauer so etwa zwei Stunden, und das Ganze kostet nicht mal was, man wird hinterher lediglich um einen Obolus gebeten, je nachdem, wie es einem gefallen hat. Also kann man theoretisch auch nichts geben. Das tut aber keiner, und bei Mart schon mal gar nicht, denn der macht das so unterhaltsam und anschaulich, dass wir gar nicht merken, wie schnell die Zeit um ist. Einmal allerdings, erzählt er, war eine Gruppe von ihm enttäuscht. Österreicher, alles Männer, und so viel deutsch verstand Mart dann schon, dass er mitbekam, dass die lieber hinter einem blonden Mädel hergelaufen wären, als hinter ihm.

MONTAG, 13. Juni. Die Verkehrsampel an der Ausfahrt aus dem Yachthafen ist ein Kuriosum, das ich sonst noch nirgends gesehen habe. Man muss warten oder über Funk auf sich aufmerksam machen, bis die Ampel grün zeigt und damit die Fahrt durch den Fährhafen freigegeben wird. Ist allerdings gar nicht so blöd, denn da ist ständig was los. Die Fährschiffe von und nach Helsinki kommen und gehen am laufenden Band. Das Ziel und der Zweck der meisten Kurzbesucher aus Finnland wird schnell klar, wenn man die großen Supermärkte rund um das Hafengelände sieht, die vor allem eins anbieten: Alkohol. Auch die große Anzahl der finnischen Yachten an den Stegen gibt einen Hinweis auf den zu erwartenden Preisschock drüben auf der anderen Seite der Bucht. Natürlich haben auch wir uns, bevor wir die grüne Ampel passieren, im Vorfeld entsprechend verproviantiert.

Die Blase zieht, wir segeln so hoch wie möglich, ein leichter Dreher von Nordwest auf West hilft uns, den direkten Kurs zu halten. Vier Stunden geht das so, der Wind nimmt noch zu, so auf 4 bis 5, und nun zeigt die TUNØ mal, was sie kann. Nämlich die Wellen runtersurfen, und wir trauen unseren Augen kaum, als das GPS mehrmals 9 Knoten über Grund anzeigt. Für Klaus-Dieter ist so ein Speed nichts Besonderes, der segelt ja sonst seinen großen Kat. Um so beeindruckter ist er von der kleinen, runden Hurley. Was wir für einen Spaß haben! Die Alleinsegelei ist ja toll, da gibt's nichts. Aber gerade in solchen Momenten ist es klasse, wenn noch jemand da ist, der sich genauso freuen kann, wie man selbst. Es ist aber auch ein Segeltag wie aus dem Bilderbuch. Leider habe ich keine Chance, auch mal an die Pinne zu kommen, denn Klaus lässt sie gar nicht wieder los. Unterwegs haben wir schon beschlossen, heute Abend nicht ganz bis in die Stadt zu fahren, sondern erst noch einen Nachtstopp auf der Festungsinsel Suomenlinna einzulegen. Fast hätten wir da die falsche Einfahrt genommen, dann finden wir aber die richtige. Wir schlüpfen durch eine schmale Durchfahrt, die Wellen bleiben draußen und wir finden uns an einem Ort wieder, der idyllischer und geschützter kaum sein könnte. Ein richtiges Hurricane Hole, wie mein tropenerfahrener Mitsegler sofort erkennt.

Direkt neben der Gästebrücke steht ein alter Kran. Selbstverständlich muss ich da raufklettern, um ein paar Fotos zu machen und mir von oben einen Überblick zu verschaffen. Die Festungsinsel ist eigentlich eine Inselfestung. Sie besteht nicht nur aus einem, sondern aus mehreren Eilanden, die durch Brücken miteinander verbunden sind. (Deshalb wären wir vorhin durch die andere Einfahrt gar nicht reingekommen.) Gegenüber von uns liegen ein paar Boote, die unsere Aufmerksamkeit auf sich ziehen: Schöne schlanke Schärenkreuzer, das sieht nach einer Liebhaber-Ecke aus.

Am Dienstag machen wir eine kleine Hafenrundfahrt auf eigenem Kiel, bevor wir an den Gästesteg des HMVK verholen. (Mit vollem Namen heißt der übrigens Helsingin Moottorivenekerho.) Hier bleibt die TUNØ jetzt bis Sonntag liegen, wenn ich aus Sankt Petersburg zurückkomme.

TALLINN | SONNTAG, 12. JUNI

Ich studiere in Tartu Internationale Beziehungen, aber Tallinn ist meine Heimat-
stadt. Was ich tun will, wenn ich fertig bin? Das ist die Eine-Million-Dollar-Fra-
ge. Diese Free-Walking-Tour mache ich jetzt im vierten Sommer. Erst musste ich
an einem Lehrgang teilnehmen, einen Monat lang, dann gab's eine Prüfung, und
dann ging es los. Auch wenn es um eine Menge Fakten und Informationen geht, sehe
ich mich eher als Entertainer. Die Leute sollen ja nicht nur was lernen, sondern
auch Spaß haben. Damit passe ich natürlich überhaupt nicht in das Klischee, dass
der Rest der Welt von estnischen Männern hat. Angeblich sind wir ja schrecklich
reserviert und zurückhaltend. Smalltalk geht überhaupt nicht, Augenkontakt ist
vollkommen tabu. Wenn wir uns mit jemand unterhalten, dann gucken wir runter
auf unsere Schuhspitzen. Als extrovertiert gilt schon derjenige, der einen Blick
auf die Schuhe seines Gegenübers wirft. Mit Frauen können wir auch nicht, deshalb heiraten ja die Italiener, Spanier, sogar die Deutschen all unsere hübschen
Mädchen weg. Da gibt's diesen Witz von dem Esten, der so schrecklich verliebt in
seine Braut war, dass er ihr das tatsächlich gesagt hat! Das ist das Bild, das man
von uns hat. Aber wenn du mich fragst, totaler Quatsch.

MART AUS TALLINN MACHT DIE BESTE STADTFÜHRUNG,
ZWEI STUNDEN, DIE NIE LANGWEILIG WERDEN

TALLINN | SONNTAG, 12. JUNI

Auf der Ostsee bin ich zum ersten Mal. Eigentlich bin ich eher Regattasegler und meistens im Mittelmeer unterwegs oder auf dem Bodensee,
meinem Heimatrevier. Das Boot habe ich auf dem Trailer von Lindau
nach Lubmin gebracht, dann bin ich bis Riga einhand gesegelt, und
seitdem ist Helga an Bord, meine Frau. Bis Petersburg kommt sie mit,
dann fliegt sie wieder nach Hause. So richtig gut vorbereitet war
ich, ehrlich gesagt, nicht auf die Bedingungen hier. Diese kurze,
steile Welle, die macht mir echt zu schaffen. Am schlimmsten war die
Etappe von Danzig nach Klaipeda. Nachts hatte ich 6 bis 7 gegenan,
Riesenwellen, und als ich nach 32 Stunden endlich ankam, war die
Drehbrücke vor dem Hafen zu. Niemand da, der sie aufmachen konnte.
Eine Stunde musste ich warten, ich war fix und alle und wäre vor
Hunger fast gestorben.

ANDREAS SEGELT EINE X 99, DIE *CAUDE A L'AIR*

SUOMENLINNA | MONTAG, 13. JUNI

Nach 16 Jahren Kat-Segeln im östlichen Mittelmeer ist das hier mein erster Schlag wieder im hohen Norden. Als klar war, dass wir uns in Tallinn treffen könnten, habe ich sofort den Flug gebucht, und schon nach ein paar Meilen war die Begeisterung für die Ostsee wieder da. Und die Erinnerungen an die Törns mit dem Dragonfly, nonstop von Maasholm nach Mariehamn, oder von Pricke zu Pricke in den Schären. Nur die Temperaturen finde ich etwas gewöhnungsbedürftig.

KLAUS-DIETER, MEIN MITSEGLER
VON TALLINN NACH HELSINKI

SUOMENLINNA | MONTAG, 13. JUNI

Ich lebe seit 1982 hier. Damals habe ich für meine Familie ein rosafarbenes Holzhaus gekauft, das noch aus der russischen Zeit stammt. Seitdem pendle ich täglich nach Helsinki, wo ich arbeite. Mit dem Fährschiff dauert das nur eine Viertelstunde. Ich bin Grafiker von Beruf und gebe auch das *Suomenlinna-Magazine* heraus. Mein wunderschönes Boot ist ein Schärenkreuzer, der 1941 in Porto gebaut wurde. Er ist 10,70 Meter lang und 2 Meter breit. Der Typ nennt sich A-Klasse-Boot.

YRJÖ HAT *ALI BABA*, SEINEN SCHÄRENKREUZER,
ORIGINALGETREU RESTAURIERT UND JAHRELANG LIEBEVOLL GEPFLEGT

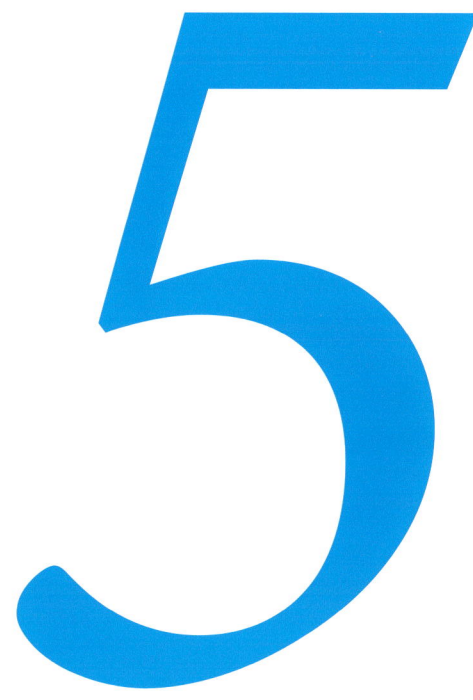

Das hat sich gelohnt. Ich glaube, wenn alle wüssten, wie easy das geht mit der Fähre, dann würde keiner mehr mit dem eigenen Schiff nach St. Petersburg segeln. Ohne Visum, ohne Bürokratie, ohne Formalitäten; ohne Sprach-und andere Probleme mit den Grenzern. Allein die Entfernung! Von Helsinki sind es immerhin noch knapp 200 Meilen. Pro Strecke, wohlgemerkt. Die kann man während der Nachtfahrt auf der PRINZESS MARIA entspannt verschlafen.

Am Nachmittag machen wir uns zu Fuß auf den Weg zum Terminal. Check-in ist ab 16:00 Uhr, zwei Stunden später soll das Schiff ablegen. Wir setzen uns aufs Achterdeck, gönnen uns ein Frischgezapftes von der Bar und beobachten unsere Mitreisenden. China muss in diesen Tagen völlig entvölkert sein, denn die Chinesen sind alle hier. Bar jeder Englischkenntnisse bringen sie den armen Kerl hinter dem Tresen zur Verzweiflung. Genau wie einige unserer Landsleute, die ihn völlig schmerzfrei auf Deutsch zutexten, ohne sich die geringste Mühe zu geben, es ein bisschen fremdsprachig wenigstens zu versuchen. Ich stehe hinter so einem in der Schlange und schäme mich fremd. Dabei ist der Barkeeper ein plietscher Junge, der perfekt Englisch spricht.

In dieser Nacht schlafe ich zum ersten Mal seit vier Wochen wieder in einem richtigen Bett, und ich schlafe nicht besonders gut. Oder liegt es an der klimatisierten Luft? Jedenfalls bin ich froh, am frühen Morgen der Kabine zu entkommen und vom Oberdeck aus die Einfahrt in die Stadt zu erleben. An der historischen Festung Kronstadt vorbei geht es durch den langen Seekanal Richtung Newamündung. Reste der Bemühungen aus vergangenen Zeiten, den Kanal vollständig einzudämmen, sind noch zu erkennen, das Vorhaben ist aber schon längst aufgegeben worden. Die MARIA fährt einen langen Schlenker durch eine halb verfallene Hafengegend, dann sind wir da. Noch ein Stempel in den Pass, und wir können russischen Boden betreten. Fühlt sich gut an, aber irgendwie auch ganz selbstverständlich, so, wie wir angereist sind. Nur ein Viertelstündchen dauert die Kleinbusfahrt, die man immer gleich mitbucht, dann klettern wir an der Isaacs-Kathedrale aus dem Auto. Als Erstes will ich meine Sachen ins Hotel bringen, außerdem bin ich neugierig, was ich da wohl gebucht habe. Die Straße ist relativ leicht zu finden, der Eingang nicht so. Auf der Internetseite war ein repräsentatives Eckhaus zu sehen gewesen, und ich hatte mir natürlich vorgestellt, dass dies das Gasthaus wäre. Nach einigem Suchen entdecke ich seitlich eine rotgestrichene Eisentür mit einem winzigen Klingelschild. Der Summer summt und gibt den Weg frei in ein, na, sagen wir's mal freundlich, renovierungsbedürftiges Treppenhaus. Im ersten Stock wieder eine schwere Tür, dann stehe ich vor der Rezeption. Aha, das ist es also, eine Etagenpension, wie weiland im alten Berlin. Aber alles wird gut. Der Mann am Empfang des *Aleksandr Hotel* ist freundlich und flink, das Zimmer wirklich riesig, mit großen Fenstern zur Straße, auf der nicht viel los ist, und der Weg zu den Sehenswürdigkeiten der Stadt ist kurz.

Es ist noch früh am Tage, genau die richtige Zeit für ein zweites Frühstück. Ich war schon darauf vorbereitet, dass sich viel verändert hat, seit ich vor mehr als 20 Jahren zuletzt hier gewesen war. Trotzdem komme ich eine ganze Weile aus dem Staunen nicht heraus. Ein Café wie das *I'm Thankful for Today* war nicht das, was ich, zugegeben etwas naiv, erwartet habe. So einen Laden hätte ich eher in Amsterdam oder Berlin-Charlottenburg verortet. Die Einrichtung etwas schäbig-chic, mit einem langen, rechteckigen Tisch in der Mitte, um den man zusammenrückt, wenn die zweisitzigen Nischen an den weit offenen Fenstern alle besetzt sind. Die Umgangssprache ist, wie selbstverständlich, Englisch. Das Geldwechseln, worüber Klaus und ich uns schon ein paar Gedanken gemacht hatten, denn wir haben noch keine Rubel in der Tasche, können wir erst mal getrost hintenan stellen. Wie später überall sonst, werden auch hier anstandslos alle Karten akzeptiert.

Die Zeit läuft uns ein bisschen davon. Newski Prospekt, Admiralität, Winterpalais und Schlossplatz, das alles müssen wir mehr oder weniger im Vorbeigehen bewundern, denn um 16:00 Uhr muss sich Klaus schon wieder auf den Rückweg machen. Er ist das erste Mal in Russland, aber für einen ersten Eindruck ist dieser Tag perfekt, was nicht zuletzt am warmen Frühsommerwetter liegt. Nachmittags wird es allerdings schwül, und kaum dass Klaus im Bus zum Hafen sitzt, platzen die dicken Wolken, die mittlerweile über der Stadt aufgezogen sind. Blitz und Donner begleiten den Wolkenbruch, in kürzester Zeit stehen alle Straßen unter Wasser.

Tagsüber sind wir schon am *Leica-Café* vorbeigelaufen, und ich hatte ein Foto vom Namensschild gemacht. Jetzt gehe ich wieder hin, um mir beim Abendessen mal anzugucken, was es damit auf sich hat. Tatsächlich hängen Fotos an den Wänden, mehr oder weniger schöne, aber was mich irritiert, ist das Gießkannenmotiv überall, nicht zuletzt als i-Punkt im Leica-Schriftzug. So lerne ich, der ich zwar mal vier Jahre Russisch in der Schule gelernt habe (aber das ist lange her), dass лейка auf Deutsch Gießkanne heißt. Witziges Spiel mit dem Namen und dem Schriftzug, der dem auf meiner Kamera so ähnlich ist. Und das Essen schmeckt auch.

Tag 2 in Russland, ich will nach Puschkin. Ganz früher hieß der Ort mal Zarskoje Selo, Zarendorf, denn hier befand sich die Sommerresidenz der russischen Herrscher, der Katharinenpalast. Benannt nach der ersten Katharina, auch wenn erst später die zweite, die mit dem Beinamen »die Große«, das Schloss und den Park, den sie sehr liebte, zu voller Pracht ausbauen ließ. Einer der Räume des Schlosses war bis 1941 das berühmte Bernsteinzimmer, ein Geschenk des Preußenkönigs Friedrich Wilhelm I. an Peter den Großen, dessen Einrichtung bekanntlich seit 1945 spurlos verschwunden ist.

Ich habe mit Zarskoje Selo meine eigene Geschichte. Anfang der Neunzigerjahre arbeitete ich als Fotograf unter anderem für das Bezirksamt Berlin-Neukölln. Damals, kurz nach der Wende, wurden erste Partnerschaften mit Städten und Gemeinden in der ehemaligen Sowjetunion geschlossen, und Neukölln verpartnerte sich mit Puschkin. Die große und einzige Attraktion von Puschkin war natürlich der Palast, und die mit Beginn der neuen Zeit zu erwartenden Touristenströme sollten das dringend benötigte Geld in die Kassen der Gemeinde spülen. Diese nämlich waren leer; so leer, dass keine Mittel übrig waren, eine angemessene Broschüre über Schloss und Park herzustellen, einen Ausstellungskatalog, der den Besuchern alles Wissenswerte vermitteln sollte. Das war das Startsignal für die Neuköllner. Sie organisierten Herstellung, Druck und Vertrieb, verpflichteten Kunstsachverständige, die die Texte liefern sollten, und schickten mich nach Puschkin, um die Fotos zu machen. Im April 1992 flog ich also nach Leningrad, wie das damals noch hieß, und verbrachte eine Woche im Katharinenpalast. Das meine ich wörtlich. Ich wohnte in einem Teil des Schlosses, wo in Sowjetzeiten Ferienunterkünfte eingerichtet worden waren, vermutlich für Angehörige irgendwelcher Betriebe und verdiente Genossen. Zu dieser Zeit wohnte dort niemand, vielleicht auch der frühen Jahreszeit geschuldet, und hier bekam ich Quartier. Ich konnte mich nun zu jeder Tages- und Nachtzeit vollkommen frei und ungehindert im Park und, in Begleitung einer schlüsselgewaltigen Mitarbeiterin, im Schloss bewegen. Das war große klasse, vor allem, weil ich auch vor und nach den Besuchszeiten rein durfte. Viele Besucher waren damals sowieso nicht da, aber für die Aufnahmen mussten die Zimmer ja ganz menschenleer sein.

Zarskoje Selo, 2016. Schon von Weitem sehe ich die vielen Busse und die Reisegruppen, die sich vor dem Haupteingang drängen. Für den Eintritt in den Park muss ich das erste Ticket kaufen. Das geht noch recht flott, hier ist der Andrang nicht so groß, denn das Schloss selbst, sagt mir die Dame am Schalter, wird erst um 12:00 Uhr für Einzelbesucher geöffnet. Das Ticket dafür bekäme ich am Eingang auf der Parkseite. Da habe ich ja massig Zeit, denke ich, es ist schließlich noch nicht mal 10:00 Uhr. Ich mache mich also auf in den Park. Als ich eine halbe Stunde später in die Nähe des Schlosseingangs komme, mag ich meinen Augen nicht trauen: Die Schlange dort ist schon mindestens 200 Meter lang und wird von Minute zu Minute länger. Anderthalb Stunden stehen wir am Ende vor der Sperre in der immer heißer werdenden Sonne, bis wir schließlich im Gänsemarsch, mit Geschiebe und Gedränge zwischen gespannten Kordeln durch die Säle geführt werden, die ich ganz anders in Erinnerung habe. Wer versucht, aus der Reihe auszuscheren, wird von resoluten Damen zurückbeordert. Der Rundgang ist genauestens festgelegt und auf nur wenige Räume beschränkt. Nicht alle Zimmer, die ich damals fotografiert habe, liegen auf der Route. Dafür stehe ich aber zum ersten

Mal im rekonstruierten Bernsteinkabinett. Das sieht schon toll aus. 1992 waren die Wände noch nackt und bloß gewesen. Die Wandpaneele und Mosaiken waren noch in Arbeit, und ich hatte den Bernsteinschleifern in ihrer Werkstatt über die Schulter fotografiert.

Zurück in der Stadt. Der Abend ist schon fortgeschritten, ich mache noch einen Spaziergang zur Erlöserkirche, um mir das bunte Gewusel aus Pantomimen, Straßenmusikern und feucht-fröhlichen Partygängern auf dem Vorplatz anzusehen. Auf dem Rückweg am Kanal entlang dringt Musik aus einer offenen Kneipentür an mein Ohr. Auf einer kleinen Bühne gleich rechts neben dem Eingang vom *DOM 7* spielt eine fünfköpfige Combo allerfeinsten Jazz, und nicht nur Irina, die Sängerin, ist höchst hörenswert (sehenswert ist sie außerdem), sondern auch der Mundharmonikaspieler, der aus seinem kleinen Instrument Töne rausholt, wie man sie im Jazz nicht oft zu hören kriegt. Das Zuhören macht solchen Spaß, dass ich bis zur letzten Nummer bleibe. Und länger noch, um dann mit Irina in den nächsten Club zu ziehen, ins *The Hat*. Eintritt wird hier nicht verlangt, ein Hut geht rum (daher der Name). Der Laden ist gerammelt voll. Nur junge Leute, die sich ganz offensichtlich für diese Art richtig handgemachter Musik begeistern können. Bei uns wäre die Zielgruppe wohl eher in meiner Altersklasse angesiedelt.

Tag 3. Zum Frühstücken gehe ich heute ins Café *ZOOM,* das von außen kaum als solches zu erkennen ist. Sieht eher wie ein Blumenladen aus. Drinnen eine Atmosphäre zum Sofortwohlfühlen, eine kleine Bibliothek mit Kunst- und Filmzeitschriften, Spielsachen für Kinder und als Speisekarte ein Malbuch. Die Stifte dazu stehen auf den Tischen. Danach laufe ich wieder am Kanal entlang, wieder Richtung Kirche. Inzwischen ist das zu meiner Lieblingsstrecke geworden.

Heute ist Sonnabend, auch in Russland traditionell der Tag für Hochzeiten und die obligatorischen Fotos danach. Auf der Konyuschtschennej-Brücke hinter der

Kirche spielen sich interessante Szenen ab. Weiße Luxuslimousinen, mit und ohne Stern, werden in die Straßenmitte rangiert. Gleich mehrere Hochzeitsgesellschaften posieren vor diesen Karossen, die sich wahrscheinlich keiner von ihnen im ganzen Leben jemals leisten können wird. Die Brautpaare sind offenbar gar nicht mit diesen Wagen hergekommen, sondern die Besitzer (oder sind es nur Chauffeure?) haben sich hier eingefunden, um die Autos für Fotos zur Verfügung zu stellen. Gegen Entgelt natürlich. Auch ein Schauspielerpärchen in historischer Kostümierung taucht auf und versucht, sich mit auf die Bilder zu schieben. Tatsächlich sind sie ziemlich aggressiv und bedrängen die Brautpaare so lange, bis einige ihren Widerstand aufgeben und sich entnervt mit den beiden ablichten lassen. Ebenfalls gegen Bares. Fröhlich sehen dabei nur die Schauspieler aus. Am kuriosesten ist jedoch ein Mann, der mit einer lebendigen weißen Taube herumläuft. Jeder Braut versucht er das Tier in die Hand zu drücken, damit sie sich damit fotografieren lässt und er ein Honorar kassieren kann. Eine sehr merkwürdige Geschäftsidee, aber wirklich erfolgreich scheint er damit nicht zu sein.

Der Tag ist schwül und windig geworden, ich friere und schwitze gleichzeitig. Böiger Wind wirbelt Wolken von Straßenstaub vor sich her, dass mir die Augen tränen. Mittlerweile habe ich auch ein bisschen den Spaß am Sightseeing verloren, denn vor allen Sehenswürdigkeiten stehen ellenlange Schlangen, die Wartezeiten werden in Stunden angegeben. Man kann nirgendwo einfach mal so reingehen, und dass sogar der Besuch von Kirchen und Kathedralen mit Eintrittsgeldern belegt ist, nimmt mir am Ende gänzlich die Lust.

Der Abend findet mich an Bord der PRINZESS MARIA wieder. Am Info-Schalter bitte ich darum, den Kapitän sprechen zu dürfen. Erst mal kriege ich ein Nein zur Antwort. Dann sagen sie, sprechen könne ich nicht mit ihm, aber zum Gucken dürfe ich gern mal auf die Brücke kommen. Die Ausfahrt aus Sankt Petersburg erlebe ich also aus der Perspektive von Käpt'n Tatter. Ich stehe neben ihm, und er schnackt gleich fröhlich los.

Natürlich träume ich davon, mal von meiner Musik leben zu können. Eigentlich bin ich nur deshalb vor fünf Jahren von Minsk nach Sankt Petersburg gekommen. Aber so ganz hat das bis jetzt leider noch nicht geklappt. Deshalb verdiene ich mein Geld momentan in der Personalabteilung einer IT-Firma. Immerhin habe ich da meinen zukünftigen Mann kennengelernt. Im September wollen wir heiraten. Die Liebe zum Jazz habe ich von meiner Mutter geerbt, die zu Hause immer Nat King Cole und solche Sachen gehört hat. Angefangen habe ich ganz klassisch mit Klavier-unterricht, später habe ich am Konservatorium studiert und selbst Klavierstun-den gegeben. Als ich klein war, wollte ich Bluessängerin werden, aber dafür habe ich nicht die richtige Stimme. Mein großes Vorbild ist Ella Fitzgerald, und einer meiner Lieblingssongs ist *The Nearness Of You*. Hier im *DOM 7* wollen sie, dass ich nur englisch singe, aber mein Lieblingsprojekt heißt »Iris-Kiss-Kiss«. So hieß eine Süßigkeit in der sowjetischen Zeit, und so ist auch die Musik: süß. Wir spielen alten Sowjetpop und russische Schlager aus den Sechzigerjahren und jazzen sie ordentlich auf. Nur scheint die Zeit dafür noch nicht reif zu sein, jedenfalls wollen das im Moment noch nicht viele Leute hören.

DAS IRINA-TISHENKO-QUINTETT SPIELT EIN- BIS ZWEIMAL
IM MONAT IM *DOM 7* UND HAT EINE VERSCHÄRFTE VERSION VON COLE PORTERS
LOVE FOR SALE IM REPERTOIRE

SANKT PETERSBURG–HELSINKI | SONNABEND, 18. JUNI

Seit sieben Jahren fahre ich jetzt auf der PRINZESS MARIA. Vorher bin ich zehn Jahre
lang Kapitän auf der Linie Klaipeda–Kiel gewesen. Ich bin eigentlich immer auf
Passagierschiffen gefahren, immer auf der Ostsee. Nur ganz am Anfang, da war
ich auf einem Holz-Carrier. Das war gleich nachdem ich die Seefahrtsschule ab-
geschlossen hatte. Viereinhalb Jahre habe ich in Tallinn gelernt, und sechs Jahre
in Leningrad. Ich bin Este und stamme von der Insel Saarema. Dort bin ich auch
heute noch zu Hause. Nach vier Wochen an Bord habe ich immer vier Wochen frei. Im
Winter muss ich während dieser Zeit allerdings oft nach Klaipeda zu Fortbildun-
gen, weil unsere Reederei da ihren Hauptsitz hat. Die Besatzung der MARIA besteht
aus Esten, Litauern und Russen, auf der Brücke sprechen wir russisch. Immer zwei
Mann sind gleichzeitig auf Wache, und wenn das Wetter so ruhig ist wie heute, kann
ich mich später ganz entspannt schlafen legen.

KAPITÄN RUDOLF TATTER KONNTE IM JANUAR
EIN JUBILÄUM FEIERN: 40 JAHRE AUF SEE

Eine leere Straßenbahn fährt mich durch die menschenleeren Straßen. Wie ausgestorbenen ist die Stadt an diesem frühen Morgen. Es ist trübe und kalt und es regnet. So muss es auch gestern gewesen sein, als Klaus, der noch einmal auf der TUNØ übernachtet hat, nach Hamburg zurückgeflogen ist. Der Ärmste, er hatte sich noch so auf einen Tag in Helsinki gefreut, aber der ist wohl komplett ins Wasser gefallen. Im Cockpit hat er mir einen Regenschirm zurückgelassen. Eigentlich wollte ich heute noch auslaufen, aber daran ist im Moment nicht zu denken. Regen, Schauerböen und draußen vor dem Hafen nichts zu erkennen. Nebel. Da bleibe ich doch lieber unter Deck mit Petroleumlampenlicht und einem guten Buch.

Montag früh ist das Wetter kaum besser, aber davon lasse ich mich nicht mehr aufhalten, und das ist gut so. Um 11:00 Uhr, während ich sportlich gegen den Südwester ankreuze, trifft mich der erste Sonnenstrahl. Mit dem Geradeausfahren ist es bis auf weiteres erst mal vorbei. Nicht nur wegen der Windrichtung, sondern weil ich ab jetzt in die Schären komme. Hier muss ich mich genau an die festgelegten Fahrrinnen halten, die sich im Zickzack zwischen den Inseln durchschlängeln. Zwei Stunden später ist der Himmel blau, aber der Spaß wird ein wenig dadurch getrübt, dass ich immer wieder den Motor brauche, weil das Fahrwasser zum Kreuzen einfach zu eng ist. Nach so viel Großstadt die letzten Tage steht mir der Sinn nach Ruhe und Einsamkeit. Finde eine kleine Bucht, habe den Anker schon klar, da sehe ich diesen Steg. Kein »Privat«-Schild, nichts und niemand, der mich am Festmachen hindern könnte. (Wer's nachprüfen möchte: 60°00'31" N; 24°11'43" E.)

Als ich morgens aufwache ist es so still, dass ich instinktiv auch an Bord quasi auf Zehenspitzen gehe. Ein junger Rehbock äst zwischen den Bäumen am Ufer und blickt kurz auf, als ich das Luk zurückschiebe. Später geht er ins Wasser und schwimmt nicht weit von mir rüber zur Nachbarinsel. Das animiert mich zur Benutzung der Badeleiter, bin aber schnell wieder draußen. 16 Grad, der Bock hat mit Sicherheit ein dickeres Fell.

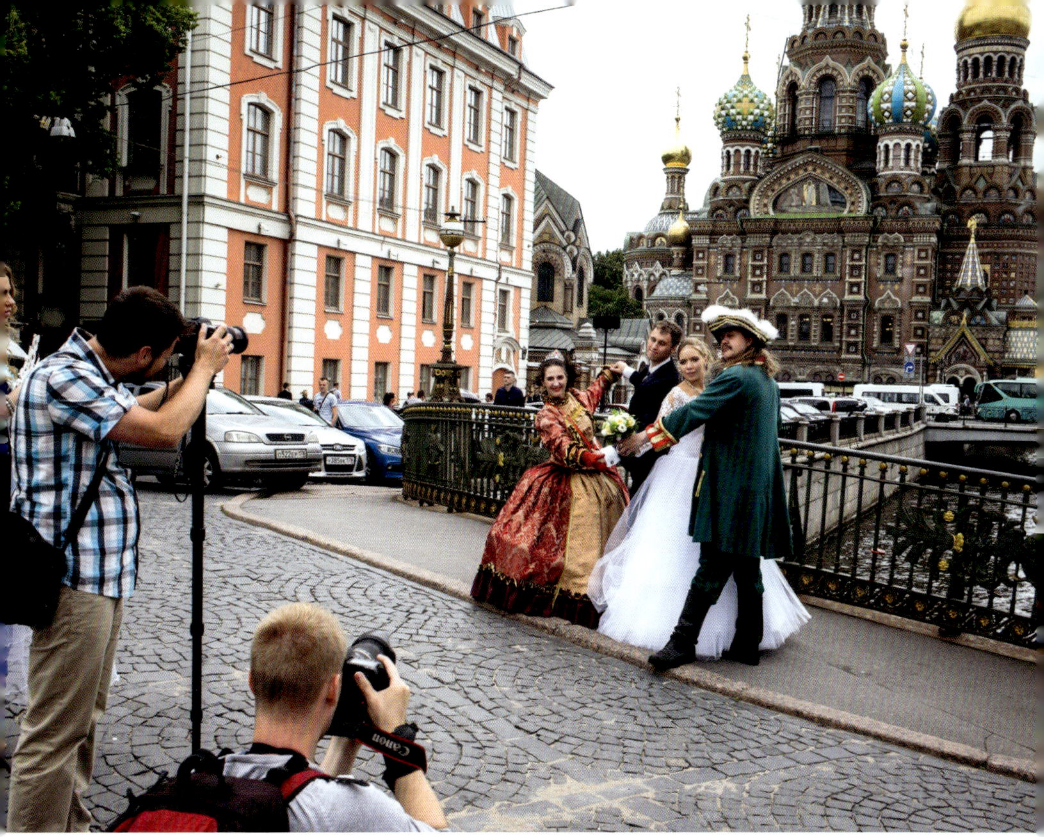

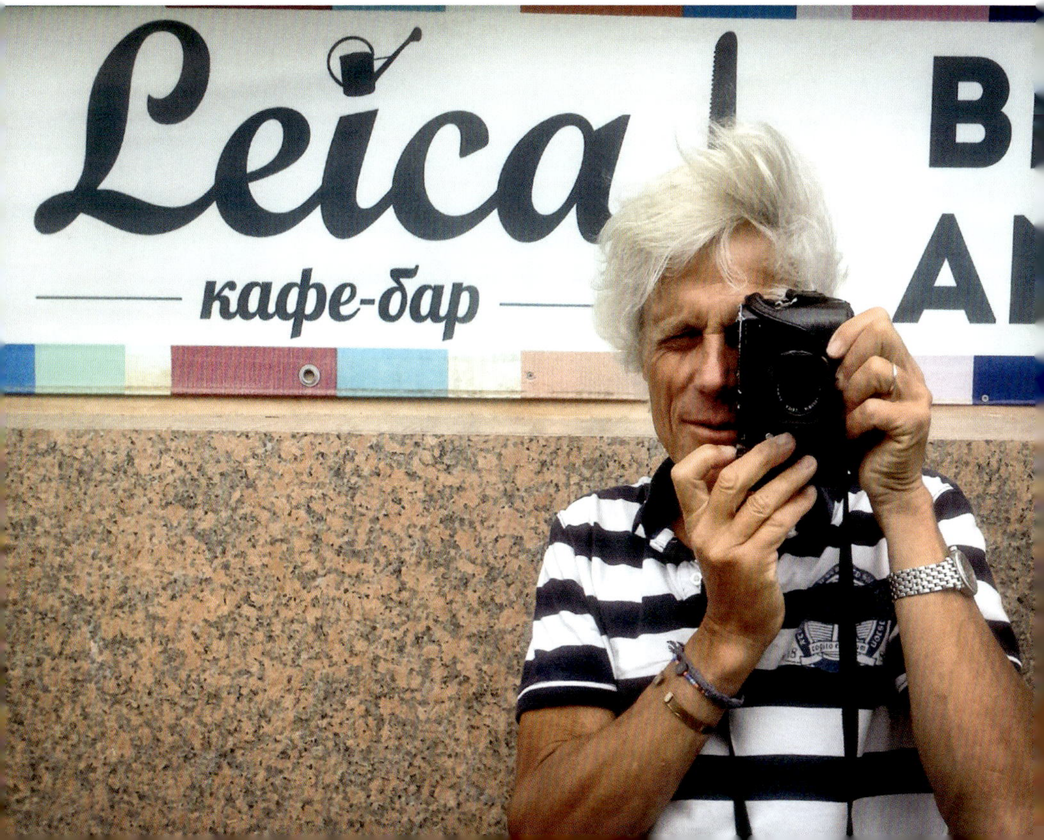
Leica
кафе-бар

Heute ist der 21. Juni, Mittsommer. Das Wetter macht dem Datum alle Ehre. Ansonsten ist das für die Finnen ein Tag wie jeder andere. Natürlich ist Mittsommer für die Menschen hier oben ein Höhepunkt, der gebührend gefeiert werden muss, aber das Fest findet, wie ich mal gelernt habe, immer erst am darauffolgenden Wochenende statt. Deshalb habe ich keine Eile, in die Zivilisation zurückzukommen. Im Logbuch steht: Zu! viel!! Motor!!! Nach insgesamt sieben Stunden klingeln mir die Ohren, und ich habe keine Lust mehr, noch weitere zwei Stunden bis Hanko zu tuckern. Die restlichen neun Meilen hebe ich mir für morgen auf. Biege deshalb wieder in eine kleine Bucht ab, und diesmal fällt der Anker. Bin aber nur fast allein, ein Finne hatte denselben Gedanken.

Am Morgen ist die Welt in Watte gepackt, kaum dass ich den Finnen drüben erkennen kann. Krieche erst mal zurück in den Schlafsack. Erst um 17:00 Uhr hebt sich der Nebel und hinterlässt eine unwirkliche Stimmung. Alle Farben sind wie gebleicht, alles sieht aus, wie durch Buttermilch gezogen. Ich mache die restlichen Meilen bis Hanko. Abendsonnenschein. Seglerschnack übern Steg. Meine finnischen Nachbarn fragen mich, wo ich zur Mittsommerfeier sein will. Genau darüber habe ich mir auch schon Gedanken gemacht, ohne bis jetzt auf eine zündende Idee gehabt zu haben. Am liebsten wäre ich auf einer kleinen Insel, wo das Fest nicht, wie ich's schon erlebt habe, in ein reines Besäufnis ausartet. Raimo hat einen heißen Tipp: Brännskär. Sofort mache ich ein Kreuzchen in der Seekarte.

In Hanko gibt es alles, auch ein WiFi im Hafenbüro. Da finde ich in meinen E-Mails eine Nachricht von jemandem, der Martin heißt, den ich aber gar nicht kenne. Er schreibt mir, dass er ganz in der Nähe mit seiner finnischen Freundin Urlaub macht. Sie sind in einem Ferienhaus nicht weit von hier, und wenn ich Lust hätte, solle ich doch vorbeikommen. Er hat meinen Törn auf Facebook verfolgt – ja, ja, das Internet …

Natürlich bin ich neugierig, und außerdem liegt die Bucht, die er mir beschreibt, direkt auf meinem Weg. Der Wind hat etwas zugelegt, die Windrichtung ist, wie in den letzten Tagen, Südwest bis West, und weil ich heute endlich mal Kurse oberhalb von 270° steuern kann, bedeutet das: nix Motor, Segeln! Da stört mich auch der leichte Regen nicht. Nachmittags Sonne und gleich wird es warm. Ich kann aus dem Ölzeug direkt in Shorts und T-Shirt wechseln. Typisch für diese Wochen: drei Jahreszeiten an einem Tag. Die Bucht mit dem Ferienhaus finde ich ohne Probleme und ankere vor dem Strand. Paddele rüber und lerne Martin und Sari kennen. Wir sitzen auf der Terrasse und plaudern, plaudern, plaudern. Was für ein netter Abend! In dieser Nacht habe ich übrigens zum allerersten Mal in diesem Sommer eine Mücke in der Kajüte.

Als ich morgens rausgucke, hängt ein gelbes Handtuch im Baum. Das verabredete Zeichen für: Frühstück ist fertig. Und die Dusche darf ich auch benutzen. Soll nochmal jemand was gegen Facebook sagen. Heute ist die Etappe kurz, nur 14 Meilen bis Brännskär; den Tipp von Raimo will ich unbedingt befolgen. Wie recht er hatte! Die kurze Brücke ist schon gut belegt, als ich ankomme, aber die kleine TUNØ passt noch dazwischen. Die meisten Boote sind mittsommerfestlich mit Birkenzweigen am Bug oder Flaggen übers Topp geschmückt. Ich bin der einzige Fremde, ansonsten gibt es viele Familien mit kleinen Kindern. Die meisten scheinen sich untereinander zu kennen, aber auch zu mir sind alle freundlich.

Die Festivitäten beginnen am Nachmittag mit dem Aufstellen des Mittsommerbaums. Die jungen Leute, die den ganzen Betrieb hier managen, setzen auf Tradition. Ringtanz um den Baum mit allem drum und dran. Simon hält eine kleine Ansprache und erklärt den weiteren Ablauf. Um fünf ist die Sauna heiß, die erste Stunde die Frauen, dann die Männer. Holzofen und Blick aufs Meer, das ist schon was anderes als eine Kellersauna bei uns. Danach eine Pause, dann Livemusik und Tanz auf der Aussichtsterrasse. »The 3 Horsemen« sind angelandet, und die haben alles drauf, von *Hotel California* bis *Get Lucky*. Zuerst toben nur Kinder auf der Tanzfläche rum, aber die Musiker spielen unbeirrt weiter, bis auch die ersten Erwachsenen auftauen. Ob das was mit den Weinkartons zu tun hat, die sich

HANKO | MITTWOCH, 22. JUNI

Unser Boot wurde 2010 in Danzig gebaut, aber nur ein einziges Mal. Ein Prototyp, sozusagen. Die Werft hat danach dichtgemacht, irgendwie hatten die keine Ahnung von Marketing. Wir teilen uns die Eignerschaft mit fünf Familien. Kristiina und Osmo, ich und meine Frau, und noch drei andere. Gestern sind wir aus Dirhami in Estland hergesegelt, da war das Boot im Winterlager. Das erste Mal, dass wir das gemacht haben. Aber das machen wir jetzt immer. Ist viel günstiger als hier, nicht nur das Winterlager, auch die Wartungsarbeiten. Und als wir vorgestern da ankamen, haben die uns sogar in Tallinn von der Fähre abgeholt!

RAIMO (VORN) AUS TAMPERE, KRISTIINA UND
OSMO SEGELN DIE KATARINA, EINE FLABRIA 40

Ich habe mir gerade ein IF-Boot gekauft, das ich demnächst in Berlin abhole. Damit werde ich auf dem Otterstädter Altrhein segeln, das ist der größte See in meiner Gegend. Aber ganz wichtig war mir bei der Anschaffung, dass ich das Boot trailern kann, denn natürlich will ich damit auch auf die Ostsee. Am liebsten gleich hierher, nach Finnland. Das mit Finnland und Sari fing an, als wir in der 5. Klasse waren. Da wurden Adressen für Brieffreundschaften verkauft, ich glaube für 5 Mark oder so, und ich bekam die von Sari. Als wir 20 oder 21 waren, haben wir uns zum ersten Mal persönlich getroffen — in Berchtesgaden. Ich war damals Co-Teamer bei der Outward-Bound-School (die gibt's schon lange nicht mehr), und Sari war mit einem Interrail-Ticket unterwegs. Später haben wir uns aus den Augen verloren. 20 Jahre nach dem Treffen hab ich einfach mal im Internet geguckt, ob ich sie wiederfinde, und tatsächlich, das hat geklappt. Vor zwei Jahren haben wir uns wiedergetroffen. Seitdem besuchen wir uns regelmäßig mehrmals im Jahr. Mal fahr ich zu ihr, mal kommt sie zu mir.

MARTIN AUS MANNHEIM UND SARI AUS HELSINKI
VERBRINGEN ZUM ZWEITEN MAL MITTSOMMER IN EINER
KLEINEN FERIENHÜTTE DIREKT AM STRAND

Diese kleine Insel ist was ganz Besonderes. Es gibt eine Stiftung, die Åboland Skärgårdstiftelse, die sich zum Ziel gesetzt hat, wieder Leben auf die Inseln im Archipel zu bringen. Vor sechs Jahren haben sie angefangen Land zu kaufen, um es dann zu vermieten. Brännskär war ihr erstes Projekt. Mein Freund Lennart hat die Insel vor fünf Jahren gemietet und ich habe von Anfang an mitgeholfen, hier Stück für Stück alles aufzubauen. Das Haus, in dem jetzt das Café ist, haben wir auf einer Nachbarinsel abgebaut und hier komplett wieder hingestellt. Und das Haus, das ich mir selbst gerade renoviere, ist das älteste Gebäude der Insel. Im Herbst will ich da einziehen. Zu fünft leben wir jetzt ständig hier. Seit diesem Sommer ist auch meine Freundin hier, Eda, die macht zusammen mit Jenny das Café. In der Saison, wenn die Segler kommen, ist hier viel Betrieb. Im Winter ist es natürlich ruhiger. Aber das Fährschiff kommt regelmäßig, und wenn das Eis zu dick ist, kommt eine Hovercraft. So können wir immer mal aufs Festland, einkaufen und so. Außerdem haben wir hier noch kein Internet, da fehlt einem heutzutage schon richtig was.

SIMON HAT IN VAASA SEINEN BA IN DARSTELLENDE KUNST GEMACHT
UND LEBT SEIT DREI JAHREN AUF BRÄNNSKÄR

langsam leer unter den Tischen zu stapeln beginnen, weiß ich nicht. Getränke, sprich: den Alkohol, bringt jeder selbst mit. Da fällt mir ein, dass ich noch ein paar kleine Schnapsbuddeln in der Bilge spazierenfahre, echten norddeutschen Korn. So als Dankeschön für alle Fälle waren die gedacht, wenn mir mal jemand aus irgendeiner Patsche geholfen hat. Eine davon hole ich jetzt raus, und innerhalb kürzester Zeit mache ich mir damit Freunde fürs Leben.

Die Nacht ist hell und lang, wieder zieht Nebel auf und hüllt uns alle ein. Weitertanzen, jetzt erst recht, dann wird einem auch nicht kalt. Den ganzen Vormittag dauert es, bis sich der Nebel lichtet — sicher auch der in einigen Köpfen. Auf den Booten ist es heute früh jedenfalls ungewöhnlich ruhig. Ich verabschiede mich von Simon, Eda und Linus, und obwohl ich es hier locker noch ein paar Tage ausgehalten hätte, zieht es mich weiter. Die Party war klasse, aber sie ist vorbei. Auch die Musiker reisen ab.

Sobald die Sonne rauskommt, wird es richtig warm. Und die Sonne will den Blister sehen. Soll sie haben. Um 12:30 Uhr steht die Blase und kommt erst in der Hafeneinfahrt von Turku wieder runter. Heute fahre ich alle Kurse mehr oder weniger direkt vor dem Wind; manchmal geht es durch ganz enge Passagen zwischen zwei Inseln. Der Wind ist schwach, ich lasse mich treiben. Manchmal ist es so still, dass ich hören kann, wie sich die Leute unterhalten, die vor ihren Häusern auf der Terrasse sitzen. Wenn nicht gerade wieder ein Motorboot vorbeibrettert. Die Dinger nerven wirklich fürchterlich. Die Rede ist hier nicht von den kleinen Alubooten, die sie alle haben, um auf die kleinen Inseln zu kommen und denen sicher niemand eine gewisse Sinnhaftigkeit absprechen wird. Sondern von den fetten Bratzen, die so laut sind, dass ich auch da die Gespräche an Bord mitkriege, weil sich die Leute anbrüllen müssen, um sich zu verständigen. Fast immer ist eins in Hörweite, ein ständiges Brummen. Eins ist mal klar: Sprit ist immer noch zu billig!

Turku Disease, die Krankheit von Turku, so nennen die Einwohner das, was einen mit seiner geballten Hässlichkeit fast erschlägt, wenn man ein paar Schritte in Richtung Innenstadt geht. Mehrere verheerende Brände in der Vergangenheit konnten nicht soviel Schaden anrichten wie korrupte Politiker und verantwortungslose Investoren in nur zwei Jahrzehnten Mitte des vorigen Jahrhunderts. Ich flaniere die wunderschöne Uferpromenade am Aurajoki entlang. Im Schatten hoher Bäume liegen Ausflugsdampfer und ausgemusterte Binnenschiffe vertäut, nun umgebaut zu Bars und Restaurants. Auf der anderen Uferseite ragt der gewaltige Dom empor, eine mittelalterliche Trutzburg aus Backstein und Granit. Sein Glockengeläut hat mich daran erinnert, dass heute Sonntag ist. Die Tage beginnen mir nämlich inzwischen zu verschwimmen. Freitag, Sonnabend oder Sonntag – wenn ich nicht Logbuch schreiben würde, könnte ich nicht auf Anhieb sagen, welcher Wochentag gerade ist.

Ein sonnenwarmer Sonntagmorgen also. Im großen, kühlen Kirchenschiff setze ich mich in die letzte Reihe. Das Orgelvorspiel zum ersten Lied beginnt und ich schlage das Gesangbuch auf. Das kenne ich doch? *Dir, dir o Höchster will ich singen,* da kann ich mitsingen. Nur der finnische Text kommt mir etwas holperig über die Lippen. Später der Schock, als ich Richtung Innenstadt gehe, um einen Blick hinter die Kulissen zu werfen. Plumpe Bürokästen, schlichte (um es neutral auszudrücken) Mehrfamilienhäuser, monotone Ladenzeilen – alles quadratisch, praktisch, aber überhaupt nicht gut. Die historische Bausubstanz, die hier noch bei Kriegsende vorhanden war, einfach niedergemacht. Die gelbe Fassade des Schwedischen Theaters und die orthodoxe Kirche am Rande des riesigen Marktplatzes wirken wie bedauernswerte Fremdkörper, die zusammen mit einem alten Straßenbahnwaggon, in dem sich ein Eiscafé eingerichtet hat, von besseren Tagen träumen. Wieder am Wasser fühle ich mich wohler. Wäre das Wetter nicht so schön, wäre das Forum Marinum mit Sicherheit einen Besuch wert. So spaziere ich nur an der Glasfassade entlang und linse von draußen rein. An den Kais davor liegen die Museumsschiffe. Am eindrucksvollsten natürlich das Vollschiff

SUOMEN JOUTSEN. 1902 in Frankreich gebaut, fuhr es in seinem langen, wechsel-vollen Leben auch mal eine Zeitlang unter dem Namen OLDENBURG als Schulschiff der deutschen Handelsmarine. Weniger eindrucksvoll, weil mir zu martialisch, einige Kanonenboote der finnischen Marine. Am dem Rückweg zu meinem Boot komme ich an einem Schwimmdock vorbei, in dem die SIGYN aufgelegt ist. Sieht aus, als würde dieses Schiff von allen Besuchern ignoriert. Kein Mensch an Deck, außer der kleinen Kartenverkäuferin.

Um 16:00 Uhr verlasse ich Turku bei ganz schwachem Wind. Kurz danach wieder der erhebende Moment, als sich luvseitig die glatte Oberfläche plötzlich schuppt, ich sofort den Motor abstelle, sich die Segel füllen und das Boot fast mühelos beschleunigt – großartig.

Weit will ich heute gar nicht, nur ein bisschen weg von Stadt und Trubel und von Yachthäfen, wo man dicht an dicht liegt, seien die Nachbarn auch noch so nett. Ich steuere einen Fjord an, wo ich ganz hinten, Rymättylä heißt das da, in aller Ruhe ankern will. Je weiter ich reinfahre, desto mehr frage ich mich, ob ich hier womög-lich in Masuren gelandet bin oder im Schaalsee vielleicht. Die schilfigen Ufer sehen jedenfalls genauso aus. Und dann ist da kurz vor Schluss sogar ein Steg. Ein Finne winkt mich ran. Gästebrücke, sage er. Alles da, Wasser, Strom, und kostet nichts.

Am anderen Morgen fahre ich erst mal gegen eine Wand. Sobald ich den Fjord verlasse, ist alles in dichten Nebel gehüllt. Regen dazu. Ganz kurz überlege ich umzukehren, aber ich fahre weiter in der Hoffnung, dass das irgendwann vorbei geht. Das Gute an diesem Wetter: keine Motorboote. Es geht durch schmale Fahr-wasser und unter zwei Brücken durch. Bevor ich heute losfuhr, hatte ich nochmal ganz genau in die Seekarte geguckt, ob die auch hoch genug sind, damit mir bloß nicht wieder dasselbe passiert wie auf meinem Folke-Törn vor sechs Jahren. Da hatte ich leider nicht aufgepasst und in der Karte die Höhenangabe für eine feste Brücke übersehen. Fünf Meter und irgendwas – was hab ich da dumm aus der

TURKU | SONNTAG, 26. JUNI

Ich komme eigentlich aus Hämeenlinna, und studiere hier Kulturgeschichte. Wenn ich fertig bin, würde ich gern für ein Museum arbeiten, so eins wie das Aboa Vetus & Ars Nova. Die zeigen eine Kombination aus Turkus Frühgeschichte und zeitgenössischer Kunst, das ist ziemlich einzigartig, und das finde ich faszinierend. Auf der SIGYN jobbe ich diesen Sommer drei Monate lang. Ich verkaufe Tickets, aber leider kommen nicht viele Besucher. Du bist heute der erste. Ich hab einiges über das Schiff gelesen, damit ich ein bisschen Bescheid weiß. Sie ist die letzte hölzerne Dreimastbark, die es noch gibt. Gebaut wurde sie 1887 in Göteborg und wurde auf der Südamerika-Route eingesetzt. Aber schon 1939 wurde sie hierher gelegt, als Museumsschiff.

JENNI SITZT AUF DEM ACHTERDECK DER *SIGYN*, UND WENN KEINE BESUCHER KOMMEN, STRICKT SIE AN EINEM SCHAL

Wäsche geguckt. Am Ende des Tages war wieder alles dabei gewesen: Nebel, Regen, Flaute, dann schöner Segelwind und sogar Sonne, die wieder sofort so warm war, dass man das Elend vorher schnell vergaß. Abends erreiche ich Isokari, die kleine Lotseninsel mit dem markanten Leuchtturm.

Nach mir kommt noch ein Boot rein, der Berliner Bär flatterte backbord unter der Saling. An Bord vier lässige Hauptstadt-Hipster, sehr coole Vollbärte. Kaum haben sie festgemacht, kokelt schon der Grill und sie laden mich ein, dazuzukommen. Alle vier tummeln sich beruflich in der Internetbranche, erzählen von ihren Start-Ups, von Firmengründungen und -verkäufen wie unsereiner vielleicht vom Ausflug auf den Wochenmarkt. Skipper Felix hat im letzten Herbst gerade seine Anteile an einer von ihm mitbegründeten Firma verkauft und macht kein Geheimnis daraus, dass er im Grunde nun nie mehr arbeiten müsste. »Aber das halte ich natürlich gar nicht aus«, schiebt er gleich hinterher, »ich kann ja nicht still sitzen«, und dass er schon wieder an einer neuen Idee bastelt. Das Ganze spielt sich an Bord seiner Dehler 35 ab, die er sich im Frühjahr gebraucht gekauft hat. Er hat, wie er mir erzählt, eine feste Summe in die Hand genommen, um sich vor seinem nächsten Coup einen Sommer lang eine Segelauszeit zu nehmen. Die Dehler hatte es ihm angetan, weil: »… ein bisschen Segelperformance sollte das Boot schon bieten«. Jemand anders mit soviel Kohle würde wohl einfach bei Hanse ins Büro gehen, die Scheine auf den Tresen legen und mit dem größten Schiff davonsegeln, das er dafür kriegen kann. Der wäre mir aber auch nicht halb so sympathisch wie Felix.

Morgens kommt eine junge Frau zu den Booten, um das Hafengeld einzusammeln. Sie trägt ein grünes T-Shirt mit dem Insel-Leuchtturm-Motiv vorn drauf und erzählt, dass sie in einem der Inselhäuser wohnt, und dass sie gleich das Café öffnen wird, wo sie arbeitet. So plaudern wir ein wenig. Als sie weitergegangen ist, werfe ich die Leinen los. Ich habe den Gennaker gesetzt, aber der Wind ist auch heute wieder so schwach, dass kaum Druck auf die Blase kommt. Ich lümmle im Cockpit herum, blinzel in die Sonne und denke, wie nett das Mädchen doch gewesen ist, und was sie wohl bewogen haben mochte, als junger Mensch auf so eine kleine Insel zu ziehen. Und dann sitze ich auf einmal kerzengerade, schlage mir mit der Hand vor die Stirn und sage laut zu mir selber: »Hallo! Würdest du vielleicht mal aufwachen?« Ich bin doch nicht (nur) zum Vergnügen hier, dies Mädel muss ich doch interviewen! Segel bergen, Motor anlassen und Ruder legen, das passiert alles in einer einzigen, nahtlosen Bewegung, und zweieinhalb Stunden nach dem Auslaufen laufe ich wieder ein. Die Jungs von der LUPERCALIA haben noch gar nicht bemerkt, dass ich überhaupt weg gewesen bin. Sie wundern sich jetzt nur, dass die TUNØ auf einmal auf einem anderen Platz liegt. Maili, das Mädchen mit dem grünen T-Shirt, treffe ich oben im Café und die Inselchefin, Noora, weißes T-Shirt, lerne ich zum Glück auch noch kennen. Das ist ja gerade noch mal gut gegangen!

MITTWOCH, 29. Juni. The Last Word heißt der Cocktail, den Felix zu später Stunde noch gemixt hat. Eine ziemliche Granate. War das eigentlich noch gestern Abend oder schon heute früh? Mit der Zeit kommt man hier überhaupt nicht mehr klar. Irgendwann guckt man in die Abendsonne, dann auf die Uhr und ist jedes Mal völlig überrascht, dass Mitternacht schon wieder vorbei ist. Darauf also noch einen Absacker, aber wirklich nur diesen einen, sonst werden die letzten Worte arg undeutlich.

Um 9:00 Uhr abends waren wir in Rauma angekommen, die LUPERCALIA-Crew natürlich wieder lange vor mir. Allerdings sind sie zuerst im falschen Hafen gelandet, gleich vorne im Industriegebiet, weil sie den Wassertiefen weiter rein nach Poroholma nicht trauten. Hier muss man aber hin, denn nur hier ist es schön. Von der wirklich unattraktiven Hafenkulisse bei der Einfahrt darf man sich nicht irritieren lassen. Immerhin gehört Raumas Altstadt zum Weltkulturerbe, das allein ist schon ein Grund, einen Tag hier zu bleiben. Bei einer Stadtbesichtigung sollte man auf keinen Fall die Kirche links liegen lasse, auch wenn sie ganz am Rand liegt. Die mittelalterlichen Gewölbemalereien im Chor und die holzgeschnitzte Kanzel aus der Renaissancezeit gehören zum Feinsten, was Finnland in dieser Hinsicht zu

Als ich neulich auf Ruhnu war, sollte gerade der Tierarzt kommen, um die schottischen Hochlandrinder zu kastrieren, die dort das Gras kurz halten. Dazu mussten die Tiere zusammengetrieben werden, und die Leute baten mich, dabei mitzuhelfen, weil sonst nicht genug Helfer da waren. Der Sohn des Hafenmeisters war auch dabei, der muss vielleicht so I2, I3 Jahre alt gewesen sein. Plötzlich wurde eine Kuh von ihrem Kalb getrennt, deswegen wurde sie sehr böse und rannte auf diesen Jungen zu. Der wollte wegrennen, stolperte aber über einen Erdhaufen und fiel hin. Ich hab sofort angefangen zu schreien und zu winken, um die Kuh abzulenken. Daraufhin ist die natürlich auf mich los. Ich hatte in dem Moment bloß zwei Gedanken: nicht aufgespießt und nicht zertrampelt werden. Sie rannte also direkt auf mich zu, und als sie mich erreicht hatte, hab ich sie bei den Hörnern gegriffen, bevor sie mich mit der Stirn vor die Brust stieß und ich rückwärts hinfiel. Aber während ich fiel, konnte ich noch umgreifen, sodass ich beim Hochkommen neben dem Vieh stand und ihm ordentlich den Kopf verdrehen konnte. Die Kuh war ziemlich perplex. Immer wenn sie wieder anfangen wollte zu mucken, gab ich ihr einen Ruck. Der Hafenmeister kam dazu und hat ihr mit einem Holzknüppel eins auf die Nase gegeben, da gab sie Ruhe und trollte sich. Am Abend kam er an mein Boot und hat mir eine Art Urkunde überreicht: Von nun an darf ich lebenslänglich umsonst in diesem Hafen liegen, zum Dank dafür, dass ich seinen Sohn gerettet habe!

FELIX AUS BERLIN SEGELT EINE DEHLER 35 CWS MIT
DEM INTERESSANTEN NAME *LUPERCALIA*. MIT AN BORD SIND Z. ZT.
DREI FREUNDE: VALENTIN, MARTIN UND JENS

bieten hat. Aber zuerst drehe ich eine Joggingrunde, immer ein probates Mittel, um die Geister zu vertreiben, die man nachts aus der Flasche gelassen hat. Spät-nachmittags läuft die LUPERCALIA aus. Völlig egal jetzt, ob man tagsüber oder durch die helle Nacht segelt. Sie wollen den langen Schlag rüber nach Schweden zur Höga Kusten machen. Mir als Alleinsegler ist das von hier aus zu weit, ich will erst noch weiter ein kleines Stück die finnische Küste hoch, bevor ich rübermache.

Auch wenn's nur circa drei Windstärken sind am nächsten Tag, mit dem Blister reicht das für fünf bis sechs Knoten. Erreiche abends Reposaari. Feiner kleiner Hafen mit einer etwas figelinschen Einfahrt, sonst nix Erwähnenswertes. Für mich nur ein Nachtstopp zum Schlaftanken. Hier bin ich nämlich ein biss-chen näher an Schweden dran, und morgen soll es aus Süden wehen. Ich starte den Countdown.

FREITAG, 1. Juli. Start zum 150 Meilen-Törn. Um 10:00 Uhr raus und gleich den Gennaker gezogen. Tatsächlich weht der Wind aus Süd. Das heißt achterlich, und ich empfinde das als angemessene Entschädigung für den Gegenwind, den ich auf dem Hinweg hatte, von Schweden rüber nach Estland. Die Sonne hat Mühe, sich durch die Wolken zu kämpfen, doch am Ende bleibt sie Sieger. Ich benutze alle Segel in ver-schiedenen Kombinationen. Als der Gennaker hinter dem Groß einfällt, nehme ich das Groß runter und fahre nur die bunte Blase. Das funktioniert prächtig.

Ich bin gerade so ein bisschen am Einlullen, als das Funkgerät plötzlich anfängt zu krächzen. Turku Radio meldet sich auf Kanal 16: »Moin, Herr Irrgang, bitte denken Sie nachher rechtzeitig daran, die Segelfläche zu verkleinern!« Sofort bin ich wieder hellwach. Was war das denn? Natürlich hat der Sprecher das nicht wörtlich gesagt, sinngemäß ist es allerdings genau das, was er mit seiner »strong wind advisory« gemeint hat. Starkwindwarnung für die Sea of Bothnia. 13 m/s, bis 6 Windstärken also für die Bottensee. Ich bedanke mich für den Hinweis, der mich glücklicherweise nicht wirklich beunruhigen muss. Im Gegenteil, ich freue

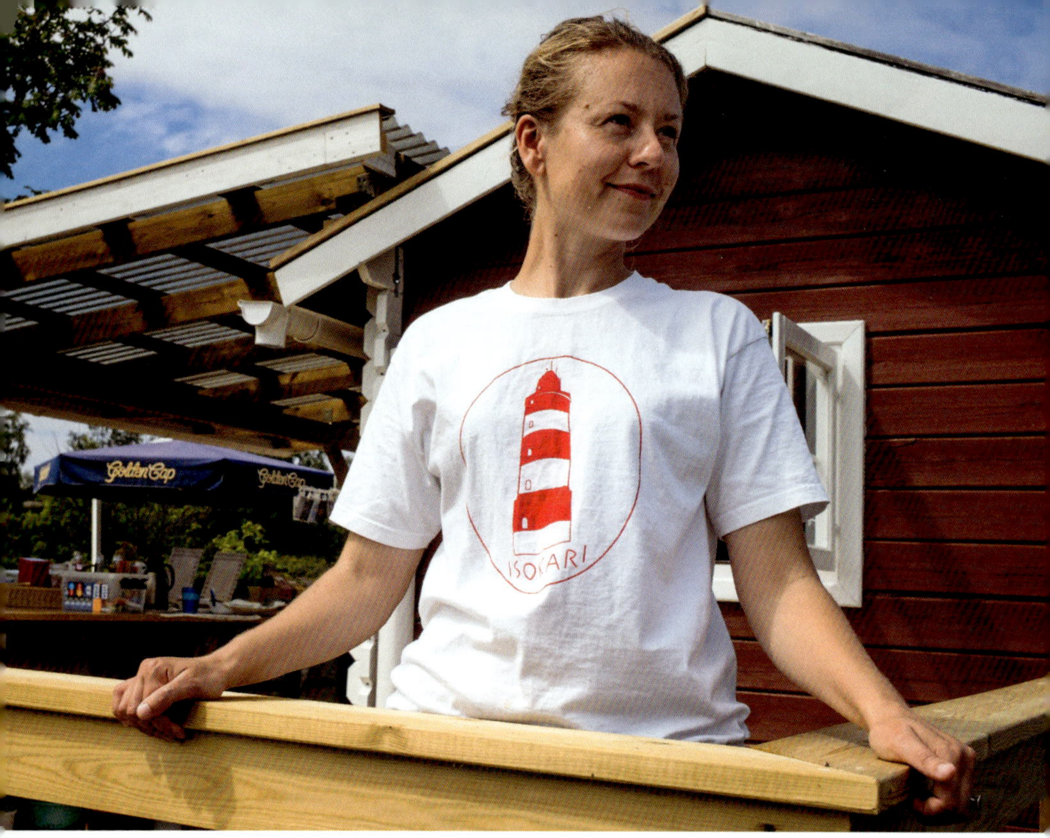
Golden Cap
ISOKARI

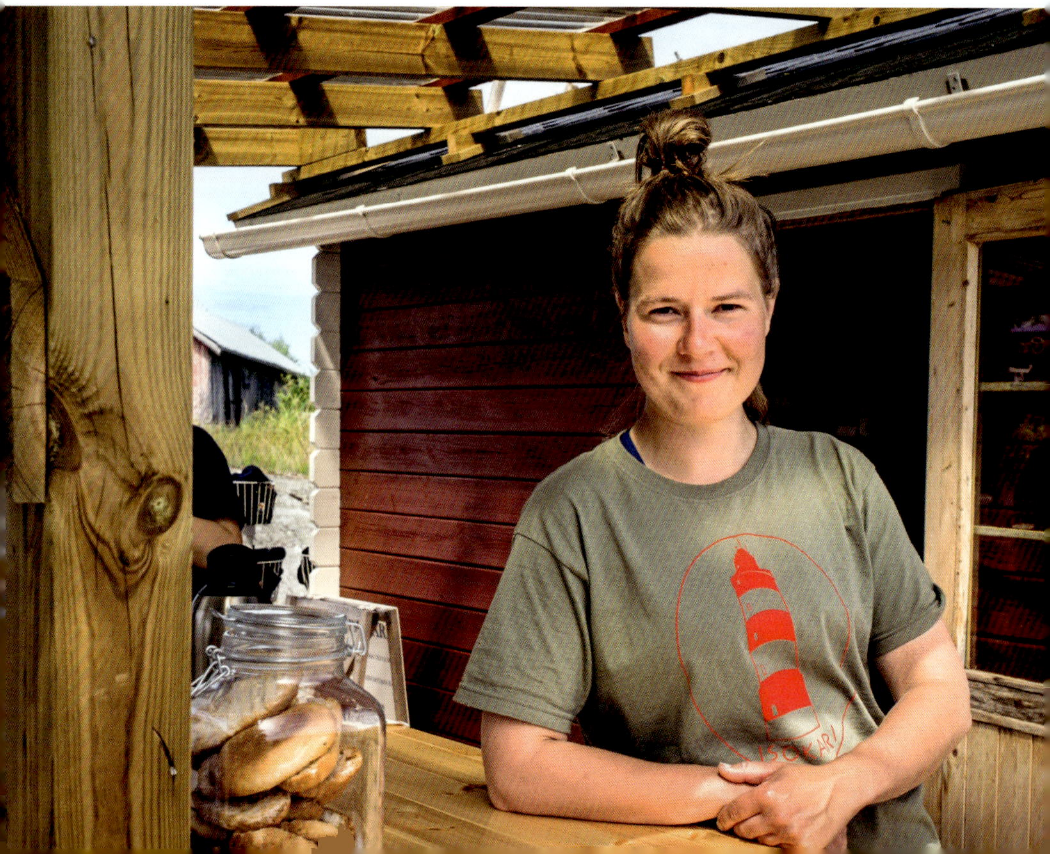
ISOKARI

ISOKARI | DIENSTAG, 28. JUNI

Vor sieben Jahren kam ich das erste Mal als Touristin auf diese Insel. Da traf ich Kari, der damals schon hier lebte. Wir haben uns sofort ineinander verknallt. Jetzt haben wir zwei Kinder und sind den ganzen Sommer über hier. Kari ist der Entrepreneur, er hat damals ganz allein angefangen, hier was auf die Beine zu stellen. Dieses kleine Café haben wir 2010 eröffnet, inzwischen haben wir sechs Ferienwohnungen eingerichtet und vermieten das alte Lotsenhaus da ganz oben auf dem Felsen. Morgen kommt unser Koch, dann eröffnen wir das Restaurant. Ein Boot haben wir uns auch angeschafft, damit können wir die Besucher aus Uusikaupunki selber abholen. Wie das mal wird, wenn die Kinder in die Schule müssen? Darüber mache ich mir im Moment noch keine Gedanken. Ich lebe von Tag zu Tag. Entweder der Tag ist schön, und ich fühle mich richtig wohl, oder es geht mir schlecht. Ein Dazwischen gibt es nicht. Heute geht's mir gut!

NOORA UND KARI AUF ISOKARI HABEN INZWISCHEN
10 MITARBEITER. MAILI IST EINE VON IHNEN. SIE IST JETZT DEN ZWEITEN
SOMMER HIER UND VERKAUFT KAFFEE UND KUCHEN (UND SOUVENIRS)
AN DIE BESUCHER DER INSEL. »ICH LIEBE ES, IN DER NATUR ZU SEIN,
ALLES ANDERE IST NICHTS FÜR MICH«, SAGT SIE. DEN WINTER VERBRINGT SIE IN
LAPPLAND UND ARBEITET ALS GUIDE FÜR SKI- UND SCHNEESCHUHTOUREN

mich darüber. Die Richtung ist perfekt, und ein paar Sekundenmeter mehr können überhaupt nicht schaden. Reffen geht immer.

Zwei Stunden später ist es soweit, den guten Rat zu befolgen. Ich berge die Blase und fahre nur unter Groß weiter, immer noch fast genau vor dem Wind. Alles Land ist längst außer Sicht, um mich herum nur endlose See. Es brist so schön, die Logge zeigt permanent Werte mit einer Fünf vor dem Komma, es läuft fantastisch. Und dann habe ich die Idee, den Autopiloten noch einmal zu testen. Ich habe nämlich doch einen an Bord. Allerdings haben Jasper und ich den gleich am ersten Tag wegen mangelnder Kooperationsbereitschaft in die Backskiste verbannt. Er wollte nicht so wie wir, hat gesteuert, wie der Bulle pisst. Ich kupple ihn an, und was soll ich sagen? Heute ist er zur Mitarbeit bereit. Das ist genial! Denn auf diesem Kurs könnte ich sonst die Pinne keine Minute aus der Hand lassen, das Boot liefe sofort aus dem Ruder. Aber nun – nun mach ich mir erst mal einen Kaffee, dann sitze ich da und gucke zu, wie der eiserne Gustav die Pinne hin- und herzieht, wie ich es besser auch nicht machen könnte. Ich hole meine kleine Musikanlage ins Cockpit, lege mich lang, höre erst Bowie, dann Brahms und gucke ins Blaue. Die TUNØ surft die Wellen runter. Die sind inzwischen allerdings ganz schön groß geworden. Sie kommen von achtern rangerauscht und sind zuweilen schon einen ganzen Kopf größer als ich, wenn ich mich hinstelle. Einige tosen und gurgeln gewaltig, brechen mit weißlich-grünem Schaum direkt hinter dem Heck und nehmen das Boot mit auf eine Talfahrt, die uns mehrmals auf acht Knoten beschleunigt.

Den Autopiloten habe ich in die Freiwache geschickt, das ist nichts mehr für ihn. Es ist schon sehr eindrucksvoll. So eindrucksvoll, dass ich um Mitternacht, es ist taghell, beschließe, ein Reff ins Groß zu ziehen. Dazu muss ich einen Moment abpassen, wo mal gerade keine besonders große Woge anrollt, drehe dann das Boot in den Wind, fiere das Fall, setze die Reffleine durch und kann gerade im richtigen Moment wieder auf Kurs gehen. Denn die nächste Welle ist riesig, und ich habe Mühe, in der rasenden Rauschefahrt das Ruder zu halten. Ich sehe das

Speedometer. Nur aus den Augenwinkeln zwar, aber ganz deutlich: 10 Knoten! Irgendwann fahre ich dann die Patenthalse. Hätte nicht sein müssen, nur einen kurzen Moment lang bin ich unkonzentriert. Vielleicht habe ich mich auch zu sehr auf die Baumbremse verlassen, die natürlich knallfest durchgesetzt war. Leider ist aber der Druck zu groß. Der Block, durch den die Talje läuft, wird einfach abgerissen. Das allein wäre auch noch nicht so schlimm, wäre die Talje nicht unten durch den Handlauf auf dem Kajütdach geführt gewesen. Der knackt weg wie ein Streichholz, aber mehr passiert zum Glück nicht. Nachdem die Baumbremse also außer Gefecht ist, beschließe ich, eine andere Segelführung zu probieren. Groß runter, Fock raus. Na bitte, so läuft's genauso flott und patente Halsen sind kein Thema mehr. Um 3:45 Uhr sehe ich steuerbord die Sonne aufgehen. Etwas vorlicher als querab, mehr im Norden als im Osten. Wind und Wellen beruhigen sich ein wenig und ich lasse den Gustav wieder ran. Wieder arbeitet er einwandfrei, mein Vertrauen in das Gerät wächst ins nahezu Grenzenlose. Es ist halb fünf geworden, und ich bin ziemlich müde. Ich lege mich 20-minutenweise auf die Salonkoje, und Gustav enttäuscht mich nicht. Wenn das so weitergeht, denke ich, könnte dies der Beginn einer wunderbaren Freundschaft sein.

Um 10:00 Uhr bekomme ich Besuch. Eine junge Möwe, das Gefieder so grau wie der Morgenhimmel, der sich inzwischen bezogen hat, umkreist den Masttopp, als wolle sie dort landen. Dann fängt sie an, nach dem Windex-Pfeil zu picken. Das geht ja gar nicht. Ich klatsche mehrmals in die Hände, um sie zu vertreiben, beleidigt dreht sie ab. Das Ende vom Lied ist eine Ankunft in dichtem Nebel. Nur schemenhaft taucht die hohe Küste Schwedens vor mir auf. Heftige Regenschauer begleiten mich die letzten Meilen in den Örnsköldsvik-Fjärden. Um 14:30 Uhr, einhundertsechsundvierzig Meilen und achtundzwanzigeinhalb Stunden nach dem Start in Reposaari, mache ich im Stadthafen fest. Das war ein Schlag, den ich nicht so schnell vergessen werde. Ins Logbuch schreibe ich: Ein Törn für die Memoiren.

RAUMA | MITTWOCH, 29. JUNI

Ich hatte schon eine Stelle an einer Grundschule in Lübeck, aber irgendwann habe ich mich gefragt: jetzt noch 40 Jahre einfach immer weiter so? Lieber wollte ich noch ein paar neue Erfahrungen sammeln. Also habe ich mich für eine deutsche Schule im Ausland beworben. Man kann sich nicht aussuchen, wo man hinkommt, man bekommt eine Stelle zugewiesen. Aber man kann immer Nein sagen. Skandinavien war schon mein Wunschziel, am allerliebsten wäre mir Kopenhagen gewesen. Zwei Jahre dauerte es, bis ich die Freistellung kriegte, das ist aber ganz normal. Dann bekam ich plötzlich Post vom Schulleiter der Schule in Helsinki. Wir haben uns in Berlin getroffen, dann bin ich nach Helsinki gefahren, hab mir die Schule angesehen, und im August letzten Jahres habe ich angefangen. Den ersten Winter habe ich also schon hinter mir, war eigentlich gar nicht so schlimm. Wenn man arbeitet, ist es sowieso ziemlich egal, ob's draußen hell oder dunkel ist. Die Wochenenden sind allerdings ein bisschen hart. Umso mehr genieße ich diesen wunderbaren Sommer! Ich bin mit meinem Auto und einem Zelt unterwegs und schaue mir das Land an.

JULIANA AUS LÜBECK IST DIE KLASSENLEHRERIN
FÜR 20 KINDER, DEUTSCHE UND FINNEN GEMISCHT

Öregrund

und ein

paar Gedanken

zum Glück

7

Wahrscheinlich zu Ehren meiner Ankunft hat der örtliche Segelclub sein Sommer-fest auf den Sonnabend gelegt. Mit Beach-Fußball auf extra aufgeschüttetem Sand und einer Live-Band am Abend. Trotz Wind und Wetter, Regen und Kälte, geben sich alle jede erdenkliche Mühe, für gute Stimmung zu sorgen. Offenbar gelingt ihnen das sogar, jedenfalls hört sich das aus meiner Koje so an. Ich muss leider pas-sen, zum Mitmachen bin ich einfach zu müde. Am nächsten Morgen werden sich sicher alle fragen, warum der Wettergott so gemein zu ihnen war, denn entgegen jeder Prognose strahlt der Himmel heute blitzeblau. Immer noch ziemlich windig, deshalb bleiben viele Yachten erst mal im Hafen.

Nun kommt ein Teil der Reise, auf den ich mich schon von Anfang an gefreut habe. Die Höga Kusten. Beim letzten Mal bin ich hier viel zu schnell durchge-rauscht, diesmal habe ich dafür von vornherein mehr Zeit eingeplant. Auch das Wetter spielt perfekt mit. Ich tingel zwischen den Inseln durch, die sich steil aus dem Wasser erheben. Der markanteste Felsen bringt es aus dem Stand auf 160 Meter. Hohe Küste, daher der Name. Blaues Meer, roter Granit, dunkelgrü-ne Kiefernwälder. Über den Himmel ziehen dünne Wolken federweiße Schlieren, später bilden sich überm Land große, weiße Haufen. All das zusammen erinnert mich an die Ionischen Inseln. Der gravierendste Unterschied: die Wassertempe-ratur. Baden ist nur was für Abgehärtete. Spätnachmittags laufe ich in den Ulvö-sund, vorbei an der Kulisse einer langen Reihe roter Fischerhäuser, und mache vor einem kleinen Lebensmittelgeschäft fest.

Der Anleger vor der neuen Hotelanlage erscheint den meisten offensichtlich at-traktiver als dieser hier vor dem kleinen Laden. Dort drüben herrscht ziemliches Gedränge, während hier außer mir nur noch ein anderes Schiff liegt. Das ist al-lerdings ein echter Hingucker. Ellenlanger Klüverbaum, schneeweißer Holzrumpf und zwei Gestalten mit schwarzverölten Händen, die über der offenen Motorluke knien. Sieht aus, als wäre es was Ernstes. Da will ich erst mal nicht stören, auch wenn am Heck der Adenauer weht, wir also vermutlich dieselbe Sprache sprechen.

Der Kontakt ergibt sich dann auch von selbst, als mir Inge auf dem Steg mit einem großen Marmeladenglas voll trüber Brühe entgegenkommt. Das hält sie vorwurfsvoll in die Höhe und schimpft: »Total verdreckten Diesel haben sie uns beim letzten Tanken angedreht. Andauernd ist der Filter verstopft, ganz großer Mist ist das!« In der Tat, wenn der Motor wegen so was nicht läuft, das ist unangenehm. Wir vertagen uns auf nach dem Essen, dann sitzen wir bei ihnen an Deck, und ich lasse mir die Geschichte ihres Schiffes erzählen. Die Flüssigkeit in unseren Gläsern ist klar und hat die Farbe von dunklem Bernstein. Sie kommt ja auch nicht aus dem Motorraum, sondern aus Schottland von der Insel Islay.

Mjältön ist die höchste aller schwedischen Inseln überhaupt. Von Null geht's hoch auf 230 Meter. Die Einfahrt in den natürlichen Hafen liegt gleich gegenüber. Auf der Überfahrt weht es knackig schräg gegenan. Die anderen motoren, ich spüle auf den Kreuzschlägen mal wieder so richtig den Staub von den Bordwänden. Es sind nur acht Meilen, dann liegt die TUNØ im Schutz der Lagune, und ich beginne den Gipfelsturm. Ein Trampelpfad schlängelt sich über ein paar Wiesen, dann durch dichten Kiefernwald. Der Weg ist leicht zu finden, ich muss bloß den blauen Markierungen folgen, auch später, als es über felsige Plateaus geht und steiler wird. Die Insel wächst immer noch und wird jedes mal ein Stückchen höher, wenn ein Bergsteiger, und die meisten machen das, einen Stein mit hochschleppt, um am Gipfel auf den großen Haufen noch einen draufzulegen. Der Rundum-Blick von ganz oben ist phantastisch, das Inselmeer liegt einem zu Füßen. Dann der Rückweg, eigentlich nicht zu verfehlen. Selbst schuld, wer nicht umkehrt, wenn er auf einmal kein Blau mehr sieht, sondern einfach weitergeht. Immer bergab, denke ich, irgendwie werde ich schon unten ankommen. Klar komme ich an, aber das »Irgendwie« sieht so aus: nasse Schuhe, zerkratzte blutige Waden und eine Stunde Verspätung. Ein paar Schwimmzüge in der Bucht, dann können die Schrammen trocknen und ich verlasse die Idylle, um für die Nacht in Bönhamn festzumachen. Auch ein ehemaliger Fischerort in einem Naturhafen. Hübsche, rotbraune Hütten, heute alles Sommerhäuschen.

ÖRNSKÖLDSVIK | MONTAG, 4. JULI

Wir sind beide in Elternzeit und können endlich mal einen ganzen Sommer lang segeln. Vorher war ich etwas skeptisch, ob das gut geht mit dem Kleinen. Ich hab mir
darüber viel mehr Gedanken gemacht als die Mutter. Aber Judith war die treibende
Kraft, sie war ganz sicher, dass es klappt. Und es funktioniert! Natürlich läuft
alles jetzt ein bisschen anders als in den vergangenen 15 Jahren, die wir schon
zusammen auf diesem Schiff segeln. Jetzt hat Momme erste Priorität. Er und seine
Bedürfnisse, das ist ganz klar. Die Etappen sind kürzer, und der Autopilot ist zum
vollwertigen Crewmitglied geworden. Trotzdem: Windeln wechseln auf dem Cockpit-
boden bei Windstärke 5, das ist ein echter Akt. Wir haben diesen Fahrrad-Kinder-
sitz ans Steckschott geschraubt. Da sitzt Momme vollkommen geschützt unter der
Sprayhood und kann uns die ganze Zeit sehen. Allerdings kommen wir dann leider
nicht mehr unter Deck. Wenn's also nass wird und wir haben das Ölzeug noch unten,
ist das schlecht.

HAUKE UND JUDITH AUS KIEL MIT MOMME, 8 MONATE ALT,
SEGELN DIE *LOMEDA*, EINE BIANCA 107

ULVÖHAMN | DIENSTAG, 5. JULI

Ich bin von Beruf Fernfahrer. Seit acht Jahren mach ich den Job, also seit ich 20 war. Vor zwei Jahren sind meine Eltern aus Sundsvall hierhergezogen. Sie haben diesen Laden übernommen, dazu vier Feriencottages und den Gästehafen. Letztes Jahr war ich im Sommer ein paar Wochen hier und habe mitgeholfen. Dabei habe ich mich so gut gefühlt, dass ich mich gefragt habe, warum ich eigentlich in meinem alten Job weitermachen soll, den ich nach all den Jahren überhaupt nicht mehr so toll finde. Den ganzen Winter habe ich darüber nachgedacht, dann habe ich beschlossen, ebenfalls hierher zu ziehen. Inzwischen bin ich mir sicher, dass ich die Insel nicht mehr verlassen werde. Im Sommer ist hier alles voll, aber im Winter leben auf der ganzen Insel nur 15 oder 20 Menschen. Hier unten am Hafen sind wir dann die Einzigen und zum Einkaufen kommen alle zu uns.

KIM AUS ULVÖHAMN WIRD EINES TAGES DAS
GESCHÄFT VON SEINEN ELTERN ÜBERNEHMEN

ULVÖHAMN | DIENSTAG, 5. JULI

Das Gaffelvirus haben wir uns schon vor 30 Jahren eingefangen. Damals, als sich die Szene gerade etablierte. Mit einem Cornish Crabber haben wir angefangen, aber damit wurden wir nie so richtig für voll genommen. »Ischa Plastik« ... Also haben wir eines Tages beschlossen, unseren Traum zu realisieren und haben angefangen, dieses Schiff zu bauen. Das ist ein exakter Nachbau eines Segelkutters von 1913. Wir hatten die Originalpläne der Junge-Werft, die das Schiff damals gebaut hat. Auf der Suche nach einer geeigneten Werft sind wir auf die Bültjer-Werft in Ditzum an der Ems gestoßen. Die hatten ihr Eichenholz jahrelang draußen abgelagert, und das war genau das, was wir brauchten. Zwei Jahre hat der Bau gedauert, jedes Wochenende sind wir hingefahren und haben mitgearbeitet. Insgesamt waren das 60.000 km mit dem Auto, und immer Stau im Elbtunnel. 2001 war die Taufe, und vor zwei Jahren waren wir das erste Mal sechs Monate auf Rentnertour. Wir waren zu den Sjödagen in Mariehamn auf den Ålands. Das war ein tolles Fest, deshalb wollen wir da jetzt auch wieder hin. Einmal lagen wir im Hafen von Helgoland, zusammen mit einer nagelneuen Swan. Ein Riesenschiff, direkt aus der Werft in Finnland auf dem Überführungstörn in die Karibik. Der Eigner war selbst an Bord und irgendwie kamen wir ins Gespräch. Er war neugierig und wollte, dass wir ihm unser Schiff zeigen. Hinterher fragte er allen Ernstes: »Wollen wir tauschen?«

THOMAS UND INGE AUS WILSTER SEGELN DIE *FRITZ LEXOW*.
DER NAME IST EINE HOMMAGE AN INGES GROSSVATER,
DER EIN AUFRECHTER ANTIFASCHIST WAR

In diese Bucht pfeift morgens ein munterer Nordwester mit lockeren 5 Beaufort. Hölick, mein Zielhafen, liegt knapp 100 Seemeilen südwestlich von hier, da stimmt doch endlich mal alles. Dazu schon wieder Sonnenschein. Allmählich beginne ich mich daran zu gewöhnen. Ein Reff im Groß, später auch die Fock etwas verkleinert, einige Böen haben es durchaus in sich. Und die Wellen! Sie sind noch nicht richtig groß, sie sind ja noch jung, eben erst an der Küste geboren. Aber einige benehmen sich schon recht halbstark. Sie rockern rum, spucken mir über die Reling und üben wohl schon für weiter draußen, wenn sie endlich erwachsen geworden sind und groß genug für langen Weg rüber bis nach Finnland. Aber das stört mich überhaupt nicht. Denn einige sind so nett, mich Huckepack zu nehmen und mir dann einen ordentlichen Schubs ins Tal zu geben. Und diesmal sehe ich es ganz deutlich, denn sie bleibt sekundenlang auf der Geschwindigkeitsanzeige stehen: die 10 vor dem Komma!

Gegen 14:00 Uhr hat der Wind so weit nachgelassen, dass ich ausreffen kann. Mein Kurs geht unverwandt nach Süden, immer 200° auf dem Kompass. In Luv glitzert das Wasser in der Sonne, in Lee laufen die Wellen davon, die unter dem Rumpf durchgerollt sind. Den ganzen Nachmittag verbringe ich damit, hinten in der Cockpitecke zu sitzen, die See zu beobachten, und meine Gedanken schweifen zu lassen. Gab es irgendetwas, was jetzt noch fehlte, etwas, das alles hier noch toller, noch schöner machen könnte? Ein letztes i-Tüpfelchen? Und als mir trotz allen Nachdenkens absolut nichts einfällt, wird mir plötzlich klar: Dann muss das hier wohl Glück sein! Ich werde aus meinen Gedanken aufgeschreckt, als ich plötzlich laut und deutlich jemand sagen höre »Ich bin ein glücklicher Mensch.« Erst stutze ich, dann muss ich lachen, und dann sage ich es noch einmal, laut und voller Überzeugung: »Ich bin ein glücklicher Mensch!«

Das Anluven an der Ecke Hornslandsudden zu guter Letzt ist dann der Gipfel des Glücks. Die letzten zwei Stunden des Tages ablandiger Wind, glattes Wasser, Vollzeug und Schoten dicht: acht Knoten. Das alles im Licht der untergehenden

Sonne. Tagesetmal 90 Meilen, ein Durchschnitt von sechseinhalb Knoten – das war mal wieder ein Segeltag mit dem Prädikat: besonders wertvoll!

Hölick ist wahrlich kein Ort, von wo man eine Postkarte abschicken muss. An der verrammelten Tür des Cafés hängt ein Schild: »Till Salu« – zu verkaufen; die spärlich um das Hafenbecken gruppierten Häuser stehen ebenso wie die in dem kleinen Feriendorf fast alle leer. Für mehr Leben, auch für die Hygiene, muss man 500 Meter weiter bis zu einem Campingplatz laufen. Morgens pfeifen die Wanten noch im Wind, aber es soll etwas abnehmen und ich habe mir für heute nur eine relativ kurze Etappe vorgenommen. (30 bis 40 Meilen etwa, kurz also nur im Vergleich zu der vom Vortag.) Deshalb lasse ich mir mit dem Auslaufen bis 12:00 Uhr Zeit. Wieder schön gerefft, und das ist gut so. Geht trotzdem ab wie die Katze von Schmidt. Zwei Stunden später wird allerdings der Wind ausgeknipst. Ich reffe aus und wechsele von der Fock auf den Blister. Was von der Brise übrigbleibt, ist ein solider, aber langweiliger Dreier. Damit wäre ich ja normalerweise total zufrieden, aber es ist wie im richtigen Leben: Wenn die wilden Jungs weitergezogen sind, sehen die braven Schlipsträger ziemlich bieder aus.

Abends heize ich auf Storjungfrun die kleine Sauna ein. Das Holz liegt fertig gehackt bereit und es dauert nur eine kurze Weile, bis der Ofen den Raum auf Betriebstemperatur, knackige 80 Grad, aufgeheizt hat. Es ist wieder kalt geworden. Seit längerer Zeit friere ich in dieser Nacht mal wieder im Schlafsack. Mücken gibt's hier auch. Aber so wenige, dass ich es mit jeder von ihnen persönlich aufnehmen kann. Am Ende haben sie verloren und kleben zerquetscht an der Kajütdecke, alle vier.

Am nächsten Tag muss ich in Öregrund sein, und der Grund dafür ist höchst erfreulich. Just in diesem Augenblick nämlich packt Albrecht in Hamburg seinen Seesack, um ab Sonnabend auf der TUNØ anzumustern. Albrecht, den ich seit der Schulzeit kenne, war schon vor sechs Jahren bei Ostsee-linksherum dabei, und ich hab nicht lockergelassen, bis er hoch und heilig versprochen hat, auch diesmal wieder ein Stückchen mitzusegeln. Um 15:00 Uhr läuft der Motor schon seit geraumer Zeit, denn der Wind, der heute morgen sowieso nur schwach angefangen hatte, hat im Laufe des Tages stark nachgelassen. Eine Zeitlang habe ich noch versucht, den letzten Hauch mit der Blase einzufangen, aber eine komische, lange Dünung aus Nordost brachte das Boot zum Schlingern und ließ den Gennaker immer wieder einfallen, weil der Gegendruck fehlte. Als er mir schließlich auch noch die Sonne abdeckt und ich im Schatten sitze, machte ich Schluss mit dem unwürdigen Schauspiel und drehte den Zündschlüssel.

Nun fällt mir ein, wie wunderbar neulich die Zusammenarbeit mit meinem neuen Freund Gustav, dem Autopiloten, gewesen ist. Also hole ich ihn ans Licht des Nachmittags, begrüße ihn freundlich, setze ihn vorsichtig auf die Pinne und gebe ihm seinen Strom. Was dann passiert, ist wirklich die herbste Enttäuschung des Tages. Er will nicht! Partout und überhaupt nicht. Totale Arbeitsverweigerung. Er benimmt sich wie ganz zu Anfang in den ersten Tagen. Alles, was seitdem zwischen uns gewesen ist, die gemeinsamen nächtlichen Stunden draußen auf hoher See, all das scheint komplett vergessen. Ich kann gar nicht sagen, wie enttäuscht ich bin. So benimmt man sich doch nicht unter Freunden. Ich schwöre mir, ihn nie wieder um Hilfe zu bitten und vergrabe ihn ganz unten in der Backskiste, tief unter allen Fendern und Festmachern. So steuere ich denn manuell Richtung Öregrund, der Diesel tuckert, die Flaute kommt inzwischen aus Südost und ich weiß, dat ward hüüt nix mehr. Ein tröstlicher Gedanke bleibt mir: Es könnte auch regnen.

SONNTAG, 10. Juli. Gestern Hafentag. Einkaufen, Wäsche waschen (auch das muss ja mal sein), in der Sonne sitzen! Abends zieht eine dunkle Wand im Westen auf, aber außer ein paar Regentröpfchen, die den Asphalt sprenkeln, passiert nichts. Wie aus dem Boden gewachsen steht Albrecht plötzlich auf der Mole. Am Vormittag ist er in Stockholm gelandet, hat sich noch ein bisschen in der Stadt umgesehen und ist dann in den Zug gestiegen. Wir gehen essen, es wird ein bisschen später, weil man ja noch nicht schlafen gehen kann, solange es hell ist, meint Albrecht. Es wird aber überhaupt nicht dunkler. Irgendwann kriechen wir trotzdem in die Koje, damit wir heute morgen nicht allzu spät im Garten vom *Kafé Wilma* sitzen und mal an Land frühstücken können. Frische Brötchen und diese leckeren Zimtdinger.

....

Um 12:30 Uhr laufen wir aus. Das Erfolgserlebnis des Tages: Wir überholen ein anderes Boot! Wir! Kommen um 17:00 Uhr bei Raggarö um die Inselecke und freuen uns über den völlig leeren kleinen Hafen Langviken, den wir schon von Weitem sehen. Ich hatte Albrecht von der Sauna direkt am Wasser vorgeschwärmt. Dann entdecken wir die Schilder. »Hamn stängt«, für die Saison geschlossen. Die Sauna natürlich auch. Wir machen trotzdem fest, wo sollten wir auch sonst noch hin. Aber schade ist's schon.

Zum Frühstück haben wir den Cockpittisch auf den Steg gestellt und ich bin gerade dabei, das Rührei zu servieren, da kommt ein Auto auf die Wiese gerollt und hält neben uns an. Der Fahrer lässt das Seitenfenster runter und erzählt uns, dass der Hafen geschlossen sei. Ach nee … Er ist wohl der Besitzer oder der Mieter, jedenfalls erklärt er uns, dass sich der Betrieb wegen der niedrigen Einnahmen nicht mehr gelohnt hätte. Man kann nicht sagen, dass er unfreundlich wäre, und er sagt auch nicht direkt, wir sollten verschwinden, aber irgendwie scheint das doch der eigentliche Sinn seines Vortrags zu sein. Während er noch redet, kommt eine ältere Lady im Bademantel vorbei, auf dem Weg zum kleinen Strand, wo sie schwimmen gehen will. Kurz hört sie zu, was der Mann im Auto von sich gibt, dann schaltet sie sich ein. Der Wortwechsel (auf schwedisch) wird laut und endet damit, dass die Lady ihm einen Vogel zeigt und er mit durchdrehenden Reifen davonbraust. Sie dreht sich zu uns um und sagt: »He's such a horrible man.« Selbstverständlich könnten wir bleiben, meint sie, so lange, wie wir wollten, man hätte hier ja schließlich das Allemansrätten. Schwimmen gehen wir auch, so kalt ist das Wasser eigentlich gar nicht. Aber viel länger bleiben wir hier schon deswegen nicht, weil wir ja noch nach Mariehamn wollen.

Der Törn geht, erstens, eine Stunde durch dichten Nebel, zweitens, von Anfang an gegenan, bis wir, drittens, keine Lust mehr haben. Wir vergessen Mariehamn für heute und nehmen Kurs auf eine fjordartige Bucht im Süden von Eckerö, in deren hinterster Ecke eine kleine Gästebrücke sein soll: Notviken. Wir finden sie, sonst findet sie anscheinend niemand, denn wir sind das einzige Boot.

Wenn wir frühstücken, passiert anscheinend immer was. Es klopft am Bug. Wir haben schon wieder einen Privatsteg erwischt. Der Eigentümer der Brücke, an der wir festgemacht haben, klärt uns auf, dass es sich beim Gästehafen um den nächsten Steg handelt. Aber selbstverständlich könnten wir bleiben. Ganz netter Kerl ist das. Peter, weißer Vollbart, blaue Latzhose, allerlei Werkzeug in den Taschen. So wie er aussieht, erwarten wir natürlich, dass er gleich zu hämmern und zu sägen beginnen wird, aber weit gefehlt. »Ich laufe immer so rum, das ist meine Alltagskleidung. Heute mach ich aber nichts, heute bin ich mit ein paar Freunden zum Golfspielen verabredet.« Das hätten wir jetzt nicht erwartet. Ob er sich dafür wohl noch umzieht?

Wenn ein Seemann golfen geht, braucht man sich um das Wetter ja wohl keine Sorgen zu machen. Denken wir. Und so ist es auch. Der Himmel ist blau, der Südost, der uns gestern so zu schaffen gemacht hat, meint es heute gut mit uns. Solange wir kreuzen müssen, weht er moderat, und als wir um die Ecke kommen und in der Ferne schon die Masten der POMMERN sehen, wird er frisch und schiebt uns mit schäumender Bugwelle Richtung Hafen. Um 15:00 Uhr, bei schönstem Sonnenschein, legen wir dort an. Um 21:00 Uhr erleben wir etwas, was wir so noch nicht kannten: Ein Böllerschuss hallt über das Gelände, und auf dieses Kommando hin werden auf allen Booten synchron die Flaggen eingeholt. So streng sind hier die Bräuche. Mittwoch Morgen lassen wir uns Zeit, sind im Seefahrtsmuseum und drüben im Osthafen. Dort befindet sich das Sjökvarteret, ein Zentrum für den traditionellen Schiffsbau. Hier habe ich vor Jahren Allan Palmer kennengelernt, den, man kann ihn wohl so nennen, Spiritus Rector des Ganzen. Er ist der Einzige meiner Interviewpartner, den

NOTVIKEN | DIENSTAG, 12. JULI

Ich bin Seelotse und in Turku stationiert. Mein Einsatzgebiet liegt zwischen Turku und Utö. Ich fahre alles, von kleinen Frachtern bis zu den ganz großen Tankern, die ich zur Raffinerie nach Naantali bringe. Meine Frau und ich haben eine Wohnung in Mariehamn, aber im Sommer leben wir hier. Bis Mariehamn fährt man nur 20 Minuten, von da nehme ich die Fähre nach Turku. Eine Woche arbeite ich da, die nächste habe ich frei. Dann arbeite ich hier mit Holz, das ist für mich wie eine Therapie. Das ganze Bootshaus habe ich selber gebaut. Mit der Sauna beschäftige ich mich jetzt allerdings schon seit fünf Jahren. Immer wieder kam was dazwischen. Letztes Jahr war's der Ischiasnerv, dann starb meine Mutter. Und die große Fensterscheibe, durch die man so schön aufs Wasser gucken kann, war auch ein Problem, denn wegen der großen Temperaturunterschiede musste das Spezialglas sein.

PETER IST FINNE, ABER SEINE FRAU STAMMT VON DEN ÅLANDS.
DIE SAUNA SOLL NOCH IN DIESEM MONAT ANGEHEIZT WERDEN

MARIEHAMN | MITTWOCH, 13. JULI

Wenn ich in eine fremde Stadt komme, suche ich auch immer nach interessanten Plattenläden. Seit dem Vinyl-Revival gibt es ja zum Glück wieder eine ganze Menge. Also bin ich nach der Landung in Stockholm gleich in die Eriksgatan gegangen, da sind acht oder zehn in einer Straße. Aber ich habe nur einen geschafft. Ich war zum Beispiel schon lange auf der Suche nach einer LP von Booker Ervin, mit diesem einen Song, *Cry Me Not*. War nirgendwo zu finden, deshalb habe ich mir zu Hause schließlich eine Neupressung gekauft. Nun komme ich also in diesen Laden in Stockholm — und da steht sie.

ALBRECHT, MEIN MITSEGLER VON ÖREGRUND
ÜBER DIE ÅLANDS NACH STOCKHOLM. ER LIEBT DAS KNISTERN
VON ALTEN SCHALLPLATTEN

ich von vorneherein eingeplant habe, allerdings ohne meinen Besuch anzukündi-
gen. Und nun ist er nicht da. Immerhin bekomme ich eine Telefonnummer. Irgendwo vor der finnischen Küste, an Bord der Brigg TRE KRONOR, klingelt sein Handy.
Erst in einer Woche kommen sie wieder, sagt er. Schade, das ist zu spät. Dann beim
nächsten Mal.

Ein heißer Tipp, den ich von Seglern mitbekommen habe, die schon mal da waren,
heißt Kobba Klintar. Die ehemalige Lotseninsel liegt nur fünf Meilen vor Mariehamn. Eigentlich besteht sie aus zwei Inseln, die durch einen Damm miteinander
verbunden worden sind, sodass zwischen ihnen ein kleiner Hafen entstand. Hier
treffen wir Juha. Er ist Künstler, malt und bildhauert und organisiert das tägliche
Leben und die Veranstaltungen auf der Insel. Überall stehen seine Skulpturen, in der
wiederaufgebauten Bake stellen er und befreundete Künstler ihre Werke aus. Seine
Mitarbeiter rekrutiert er im Freundes- und Bekanntenkreis. Nach Brännskär und
Isokari ist das hier schon das dritte Inselparadies, das nur durch die freiwillige Initia-
tive von besonders engagierten Leuten wiederbelebt wurde. Eigentlich ist der Hafen
nur für Tagesgäste vorgesehen, aber Übernachtungen werden toleriert. Das nutzen
wir schamlos aus und sind schon wieder die Einzigen am Pier. In Steinwurfweite
rauschen Tag und Nacht die riesigen Fähren nach Turku und Stockholm vorbei.

Unsere Ablösung, sozusagen, kommt am nächsten Morgen: Zwei Sailors an Bord
einer deutschen Yacht, die wir schon deshalb anschnacken müssen, weil sie auf
ihren Jacken Aufnäher mit der *Blauen Maus* tragen. Wer's nicht weiß, das ist die
berühmte Whisky-Kneipe auf Amrum, wo Albrecht und ich auch schon mal am
Glas genippt haben.

Rödhamn, der nächste Hafen, ist das genaue Kontrastprogramm. Proppevoll.
Was nicht verwundert, denn auch dies ist ein wunderschönes Fleckchen, wenn
auch nicht annähernd so spektakulär wie Kobba Klintar. Dicht an dicht liegen die
Yachten an der langen Pier und quetschen sich die Fender platt. Aber just als wir

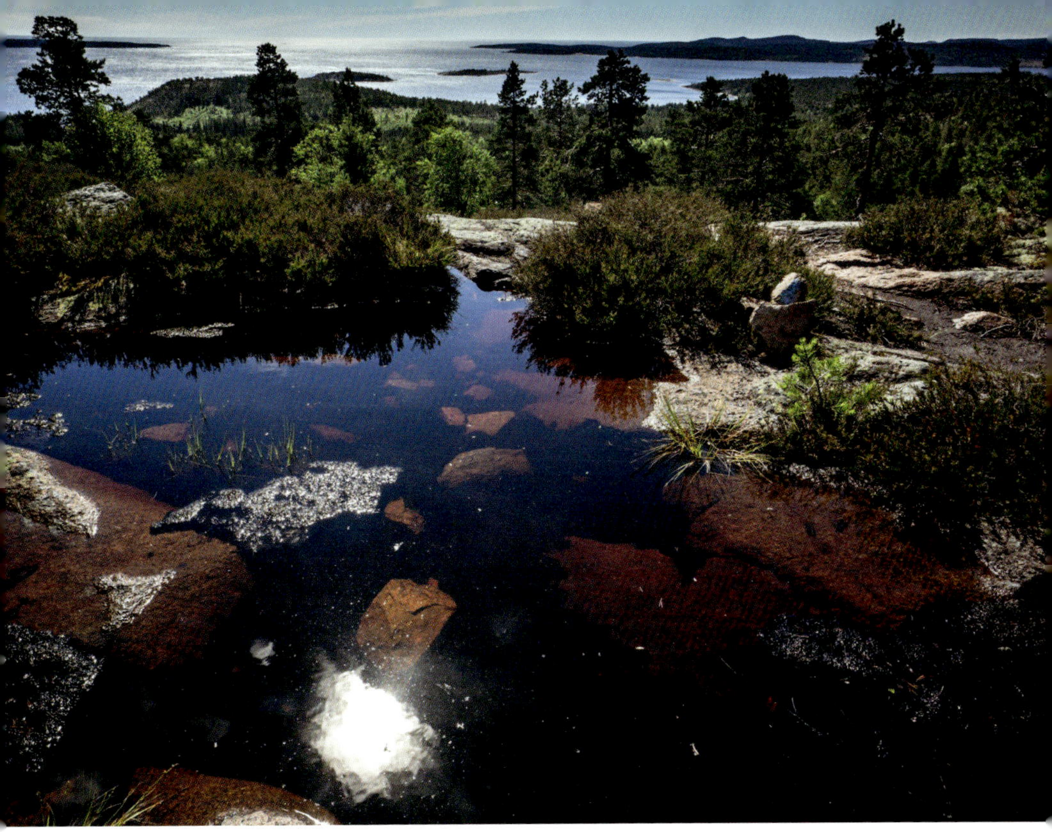

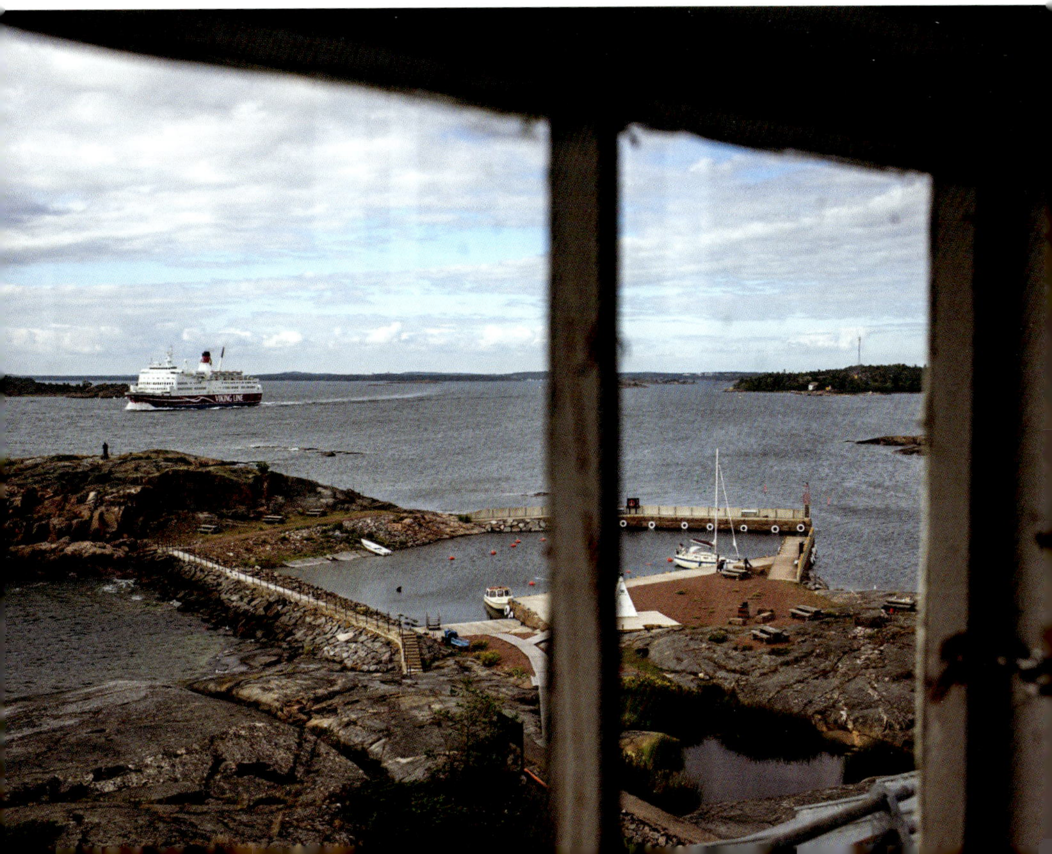
VIKING LINE

KOBBA KLINTAR | DONNERSTAG, 14. JULI

Als ich 1989 zum ersten Mal auf die Ålands kam, war eins sofort klar: Hier wollte ich malen! Das Licht war so vollkommen anders als in Tampere drüben in Finnland, wo ich herkomme. Dort dehnen sich dunkle Kiefernwälder bis zum Horizont, hier ist der Himmel so hell, die Farben so klar, das Meer ganz blau. Kobba Klintar war damals in Privatbesitz und leider ziemlich am Verfallen. Als ich irgendwann den Besitzer kennenlernte, schlug ich ihm vor, hier Ausstellungen zu organisieren. Als erstes stellte ich 2002 den Lotsen mit dem Fernrohr auf den Balkon. Der wurde schnell zu einer Touristenattraktion. Als immer mehr Besucher kamen, haben wir zu fünft einen Verein gegründet und Sponsoren geworben, um den Hafen und das Haus zu restaurieren. Heute haben wir über 2000 Mitglieder. Ich bin Maler und Bild-hauer, so wie mein Großvater. Ihm zu Ehren habe ich den Mann mit der Staffelei geschaffen und auf den höchsten Punkt gestellt. Zum Malen fahre ich inzwischen allerdings lieber rüber auf die Nachbarinsel. Hier ist es mir tagsüber zu unruhig. Zu viele Menschen.

JUHA WOHNT NICHT AUF KOBBA KLINTAR, SONDERN MIT SEINER FAMILIE IN MARIEHAMN. ER HAT EINEN HOCHSITZ FÜR JÄGER UND BEOBACHTER ENTWORFEN, EINEN VIER METER GROSSEN ELCH. ANLÄSSLICH DES NORDIC COOL FESTIVALS IN DEN USA. VOR DREI JAHREN HAT ER VIER DAVON MITTEN IN WASHINGTON D.C. AUFGESTELLT

KOBBA KLINTAR | DONNERSTAG, 14. JULI

Einmal ganz oben rum um die nördliche Ostsee segeln, die Idee wurde natürlich in der *Blauen Maus* geboren. Nur, so einfach geht das leider nicht, solange man arbeiten muss. Sönke ist selbstständiger Bootsbauer, aber ich musste warten, bis ich Rentner bin. Am 2. Mai sind wir also von Amrum los, sind an der schwedischen Ostküste rauf bis zur »Deutschen Tonne« in Töre, und in Finnland wieder runter. Jetzt sind wir über die Ålands auf dem Weg zurück. Zwischendurch hat uns Sönkes Frau mit dem Auto besucht, und wir sind zusammen auch noch ans Nordkap gefahren.

SÖNKE (LI.) UND JÜRGEN AUS AMRUM SEGELN *MISS MOODY*,
EINE MOODY 33 ECLIPSE. DIE TONNE, VON DER SIE UNS ERZÄHLEN,
HEISST BEI DEN EINHEIMISCHEN INZWISCHEN WIRKLICH DIE
»DEUTSCHE TONNE«, WEIL DA AUSSER SEGLERN AUS DEUTSCHLAND KAUM
EINER HINFÄHRT, UM SEIN KÄRTCHEN EINZUWERFEN. DARÜBER HABEN SICH
SCHWEDEN, DIE ICH DAMALS TRAF, SCHON VOR SECHS JAHREN AMÜSIERT

suchend auf und ab fahren, legt einer ab, und wir rutschen in die Lücke. »Ein Glück, dass die weg sind«, sagt der Mann, der vorn unsere Leinen annimmt, und grinst. Er zeigt auf unseren Hamburg-Wimpel: »Das waren Bremer!« Wie gut, dass er nicht weiß, was in meinem Pass steht. Trotz der Fülle an den Stegen verläuft sich die Seglerschar auf der Insel und wir finden leicht noch ruhige Ecken. Die Sauna ist leider durch Vorbestellungen ausgebucht, also müssen wir ohne Vorheizen ins Wasser. Hinterher liegen wir zum Trocknen auf den großen, glatten, noch sonnen-warmen Felsen.

FREITAG, 15. Juli. Auf diesen Nordwind-Dreher haben alle gewartet. Auch wir, denn Albrecht muss morgen früh den Flieger in Stockholm kriegen. Ist das wirklich wahr, ist die Woche schon wieder um? Als wir um 6:00 Uhr aufwachen, haben an-dere schon längst abgelegt. Eine ganze Armada läuft Richtung Südwesten. Der Wind weht frisch, die Fahrt ist flott, und erfrischend ist auch der Regen, der leider nicht lange auf sich warten lässt. Um 18:00 Uhr haben wir schon mehr als 50 Seemeilen auf der Logge und sind längst im Schärenfahrwasser. Gefühlsmäßig müssten wir bald da sein.

»Wie weit ist es eigentlich noch?«, fragt Albrecht. »Lange kann's nicht mehr dauern«, sage ich, setze aber mal, mehr so zum Spaß, den Zirkel auf die Karte. Schockschwe-renot! Noch 25 Meilen! Was soviel heißt, wie weitere fünf Stunden Fahrzeit. Und das auch nur, wenn wir den Motor zu Hilfe nehmen, denn der Wind hat uns im Stich ge-lassen. Ein umsichtiger Skipper hätte natürlich die gesamte Strecke von vornherein genau gepeilt, ich hatte immer nur geguckt, wie weit die Strecke übers offene Wasser ist. Typischer Anfängerfehler. Aber dafür war die Stimmung an Bord bis zum Moment der Wahrheit super, ganz unbelastet von lästigen Fakten. Die Schrecksekunde ist jedoch schnell vorbei, und als wir schließlich im Wasahafen festmachen, es ist genau 0:00 Uhr, ziehen wir den Joker: Weil wir aus Finnland kommen, können wir die Uhren um eine Stunde zurückstellen! Und die Kneipe um die Ecke hat auch noch offen.

Stockholm

und noch mehr

Anfängerfehler

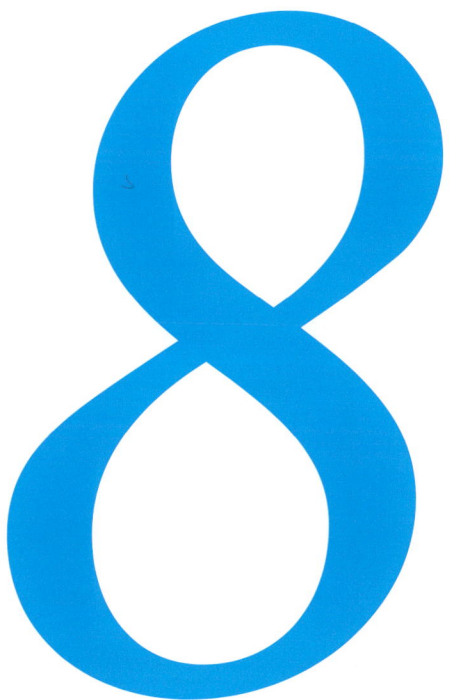

Späte Ankunft, früher Start. Um 6:30 Uhr steigt Albrecht ins Taxi und entschwindet zurück in die Zivilisation. Ich entschwinde auch, aber nur hinter die nächste Ecke. Ich verhole in den Hafen der Navigationssällskap, weil mir der Wasahafen zu voll, zu laut und zu rummelig ist. Außerdem liegt die TUNØ dort ungeschützt im Schwell der Taxi- und Ausflugsboote. Die Navigationsgesellschaft bietet die passende Alternative. Ein freundlicher Hafenmeister, alles sehr familiär, ein bisschen schrebergärtnerisch. Als ich im Clubraum sitze und meine E-Mails lese, steht auf einmal jemand an meinem Tisch. »Sag mal, bist du der Christian?«, fragt er im schönsten Schweizer Dialekt. Ein Schweizer auf der Ostsee, schon ungewöhnlich genug. Und noch dazu kennt der mich? Die Lösung dieses Rätsels heißt *Ostsee linksherum*. Er hat das Buch an Bord und mich anhand der Fotos identifiziert. Was treibt den Mann aus den Bergen hierher in den hohen Norden?

Hop on, hop off, immer, wenn wieder ein Mitsegler nach ein paar Tagen weg ist, kriege ich ein bisschen den Blues. Diesmal wird das aber nicht lange dauern, denn Ende der Woche, am Freitag um genau zu sein, wollen Sanne (meine Frau) und Marlene (unsere Tochter, die alle nur Lilli nennen) hier in Stockholm an Bord kommen. Aber eben erst am Freitag, und so lange hier zu warten, darauf habe ich keine Lust. Die Dazwischenzeit reicht für eine kleine Schleife durch die Schären. Schärengarten statt Schrebergarten, da kommt sicher auch der Spaß am Alleinsegeln wieder. Ingmarsö hatte es mir beim letzten Mal angetan, da will ich noch mal hin.

Es ist Sonntag, und alles, was in Schweden einen schwimmenden Untersatz hat, ist auf dem Wasser. Also alle. Die große Mehrheit leider auf Motorbooten, und sie haben so richtig Spaß daran, zwischen den Segelbooten Slalom zu fahren, immer so dicht wie möglich. Sie scheinen nur eine Stellung ihres Gashebels zu kennen: Vollgas. Das ist heute besonders unangenehm, weil kaum Druck in den Segeln ist und der Schwell mich jedes Mal wild durchschüttelt. Den anderen Seglern geht es nicht besser. Irgendwann bin ich so genervt, dass ich einem der Vorbeibretternden den Daumen nach unten zeige. Seine Antwort ist ganz unmissverständlich: der gestreckte Mittelfinger.

STOCKHOLM | SONNABEND, 16. JULI

Angefangen habe ich vor sechs Jahren. Da habe ich zum ersten Mal eine längere
Segel-Auszeit genommen und auf Rügen eine Yacht gechartert. Danach wollte ich
unbedingt ein eigenes Schiff haben. Das habe ich mir 2012 in Holland gekauft und
in die Ostsee überführt. Jetzt liegt es im Winter in Greifswald, und jeden Sommer
bin ich drei Monate unterwegs. Meine Frau unterstützt mich dabei sehr, sie segelt
selber gerne. Letztes Jahr waren wir in Schottland, dieses Jahr in Haparanda,
nächstes Jahr möchte ich gerne zu den Lofoten. Wir leben in Winterthur in der
Schweiz. Mein Bruder und ich haben den Sanitär-Installationsbetrieb von unserem
Vater übernommen und zusammen geleitet, bis er vor zwei Jahren an Krebs gestorben
ist. Mit 59! Das hat mir arg zu denken gegeben. Sein Tod hat mich in meiner Überzeugung bestärkt: Lebe deine Träume jetzt, verschiebe nichts auf morgen!

KONI AUS WINTERTHUR IST AUF DER *NORDSTERN* UNTERWEGS,
EINER STAHLYACHT VOM TYP LUMARE 37

Wie gesagt, ich war schon einmal auf Ingmarsö. Umso verwunderter bin ich, als mir der Hafen, in den ich am späten Nachmittag vorsichtig einlaufe, ganz und gar unbekannt vorkommt. Sehr vorsichtig navigiere in die Einfahrt, denn die ist viel schmaler, als ich sie in Erinnerung hatte. Überhaupt sieht alles hier vollkommen anders aus. Nein, das ist ganz und gar nicht der Hafen von damals. Aber auf der Seekarte ist doch hier ein Hafen eingezeichnet. Ich drehe ab, fahre wieder raus und nehme mir nochmals die Karte vor. Nun ja, wenn ich von Anfang an richtig navigiert hätte, dann hätte ich mir vielleicht mal die Skizze im Handbuch angesehen, statt mich nur auf meine Erinnerung zu verlassen. Oder ich hätte die Koordinaten mit denen in der Seekarte verglichen. Überhaupt wäre ich vielleicht etwas vorsichtiger gewesen beim Gebrauch dieser Karte, die ich mir für die Reise geliehen hatte. Der Stempel am unteren Rand gibt das letzte Korrekturdatum an: – nein, ich werde hier jetzt nicht verraten, was da steht. Der richtige Hafen jedenfalls, das ist dann schnell geklärt, befindet sich nicht mal eine Meile von hier. Allerdings quer über Land auf der anderen Inselseite.

Unter Segeln lege ich später da an, und als ich mein Liegegeld bezahle, sagt Lena, die Hafenmeisterin: »It's always nice, when someone comes in under sails. That doesn't happen so often these days.« Genau dasselbe hat sie vor sechs Jahren auch gesagt.

Der Bezahlautomat an der Bootstankstelle kann vier Sprachen: schwedisch, finnisch, englisch und deutsch. Drückt man die Auswahltaste, quittiert er das mit der entsprechenden Nationalhymne. Wer denkt sich denn so was Hübsches aus? Dafür kostet der Liter Diesel allerdings auch einsfünfzig. Ich verbringe einen sonnigen Hafentag damit, das Kommen und Gehen der anderen Boote zu beobachten, einen Spaziergang über die Insel zu unternehmen, mir dabei nochmal diesen anderen Hafen anzusehen (der früher, zu Zeiten, als meine Seekarte frisch und aktuell war, tatsächlich der Gasthafen gewesen ist), und Blaubeeren zu pflücken. Die sind schon reif; kleine, wilde Himbeeren ebenso. Für den Nachmittag habe ich bei Lena die Sauna gebucht. Sie hat das Feuer geschürt, so heiß, dass ich es fast nicht aushalten kann. Zum Dinner rudere ich mit einem der dafür vorgesehenen Boote quer über

INGMARSÖ | MONTAG, 18. JULI

Ich kam vor 40 Jahren als Lehrerin nach Ingmarsö. Wir hatten hier damals 30 Schüler zwischen sieben und zwölf Jahren, alle in einem Klassenraum. Meine drei eigenen Kinder habe ich auch unterrichtet. Wir waren als Lehrer sogar zu zweit. Aber als die Schüler immer weniger wurden, wurde erst die zweite Lehrerstelle gestrichen, und letztes Jahr, da waren's nur noch drei Kinder, wurde die Schule ganz geschlossen. 1976, als ich die Stelle bekam, baute mein Mann Leif uns ein Haus und begann, sich eine Bootswerft einzurichten. In dieser Bucht war ja vorher nichts. 2006 hatten wir dann die Idee, die Werftstege auszubauen und einen Gästehafen einzurichten. Ich beobachte also das Leben auf Booten schon seit 40 Jahren, und ich muss sagen, das hat sich alles ganz schön verändert. Die Schiffe werden immer größer, aber es sind immer weniger Leute an Bord. Die Eigner werden immer älter und legen vor allem Wert auf Komfort. Zum Teil sind das ja schwimmende Sommer-häuser mit einer Schraube unten dran. Und es werden immer mehr Boote, sodass es hier im Sommer richtig eng wird. Früher waren wir das ganze Jahr über hier, aber das gefällt mir inzwischen nicht mehr. Vor einem Jahr haben wir uns auf Gotland ein Bauernhaus gekauft, da verbringen wir jetzt die Winter. Eine Wohnung in der Stadt, in Stockholm womöglich? Nein, daran haben wir wirklich noch nie gedacht.

LENA IST DIE HAFENMEISTERIN VON INGMARSÖ.
SIE TRÄGT GERN RÖCKE, ABER EIGENTLICH HAT SIE IMMER DIE HOSEN AN

die Bucht zum Anleger des Inselgasthofs. Das blutige Steak ist nicht mehr so gut wie früher, die Wirtschaft hat seitdem gewechselt. Aber schlecht ist es auch nicht.

Neben dem Restaurant befindet sich auch der kleine Supermarkt, in dem ich am anderen Morgen noch meinen Proviant ergänze. Da ich vorhabe, die nächsten Nächte in einsamen kleinen Buchten am Anker hängend zu verbringen, brauche ich etwas Nachschub; frisches Obst und Gemüse bekommt man sogar auf einem kleinen Eiland wie diesem. Wenn ich an Bord koche, dann ausschließlich vegetarisch. Ich habe kein Kühlfach, deswegen kaufe ich weder Fisch noch Fleisch. Paprika, Tomaten, Fenchel, Zucchini, Knoblauch und Zwiebeln, das hält sich wassergekühlt in der Bilge. Eine Süßkartoffel, Pasta oder Reis dazu, fertig ist das Captain's Dinner. (Und ist ja auch gut gegen Skorbut.)

Auf dem Rückweg sehe ich in der offenen Halle der anderen Werft am Platze einen geklinkerten Holzrumpf, leuchtend weiß und blau gestrichen, der dort aufgepallt steht. Ein schönen Oldtimer, offensichtlich frisch renoviert, das macht mich neugierig. Neben der Halle sitzt eine kleine Frühstücksgesellschaft in der Sonne. Nein, kein Problem, sagt mir Doreen, die junge Frau, ich könne mich gerne umsehen. Ihr Mann, der Bootsbauer, sei sicher auch irgendwo dahinten. Wir haben miteinander englisch gesprochen, und als ich mich aufmache rüber zur Halle, steht einer ihrer beiden Jungs vom Tisch auf und läuft neben mir her. Ohne groß nachzudenken, rede ich auch mit ihm weiter englisch, bis mir auffällt, dass er die Sprache für sein Alter ziemlich perfekt beherrscht. Er ist erst sieben, und ich frage ihn, wo er das gelernt hat. »Wir haben mal in Schottland gelebt«, gibt er zu Antwort. Als wir zurückkommen, will ich von seiner Mutter wissen, wo genau, und warum, und als sie mich daraufhin fragt, wo ich denn herkäme, meint sie: »Na dann können wir ja auch deutsch miteinander reden.«

Doreen hatte mir die schönsten Buchten in der Umgebung auf der Karte gezeigt, und ich suche mir jetzt ein einsames Plätzchen in einem stillen Sund zwischen zwei Inseln, Hjälmö und Lisslö. Erst kurz vor dem Ufer berge ich die Segel, fahre langsam weiter, bis ich einen Felsen entdecke, der mir geeignet scheint, um Bug voran dran festzumachen. Fahre mit Leerlaufdrehzahl darauf zu, werfe, als ich vielleicht noch 25 Meter entfernt bin, den Heckanker ins Wasser und konzentriere mich sofort wieder nach vorne, um rechtzeitig zu stoppen, bevor sich das Boot die Nase stößt. Die Ankerleine läuft mir dabei durch die Hand, bis zu dem Moment – als ich fassungslos hinterhergucke, wie das Ende auf Nimmerwiedersehen in den Fluten verschwindet. Sofort schalte ich in den Rückwärtsgang, und jetzt hätte nur noch gefehlt, dass ich dabei die lose Leine in die Schraube kriege. Ich fluche und beschimpfe mich selbst und belege mich mit den allerübelsten Kraftausdrücken. Wie bescheuert muss man eigentlich sein, das Ende einer Ankerleine nicht zu belegen? Da macht man den Joe Cool, fährt lässig alle Manöver bis zum letzten Moment unter Segeln, und dann so was! Allmählich bekomme ich wirklich verschärft den Eindruck, als holte ich jetzt all die Anfängerfehler nach, die ich bisher erfolgreich vermieden habe. Wenn das so weitergeht, entziehen sie mir womöglich noch den Segelschein.

Ich mache den Hauptanker klar, ankere vor dem Ufer gegenüber und überlegte, wie die Situation noch zu retten sei. Taucherbrille und Schnorchel sind an Bord, die helle Leine am Grund, denke ich, könnte ich vielleicht erkennen. Aber so klar ist das Wasser leider doch nicht, dass die Sicht bis in fünf Meter Tiefe reicht, und für stundenlange Schnorchelei ist es entschieden zu kalt. Frustriert breche ich den Versuch nach kurzer Zeit ab. Den ganzen Abend hadere ich mit meiner Blödheit. Aber dann denke ich: Wer gar keine Fehler macht, macht irgendwie auch was falsch.

Trotz allem schlafe ich tief und entspannt. Ich träume seit einiger Zeit sehr intensiv, nachts spielen sich in meinem Kopf die tollsten Geschichten ab. Jeden Abend bin ich schon beim Einschlafen gespannt, was ich diese Nacht erleben werde. Morgens wache ich immer mit dem Gefühl auf, gerade aus dem Kino zu kommen.

Ich drehe mich dann auf den Rücken, um durch das Fenster über meiner Koje die Farbe des Himmels zu kontrollieren. Blau halte ich inzwischen schon für völlig

Matti stammt aus Heidelberg, ich komme aus Greifswald, getroffen haben wir uns an der FH in Rosenheim. Matti hat dort Holzbauingenieur studiert, ich BWL. Als ich schwanger wurde, haben wir geheiratet. Aber wir wollten nicht in Deutschland bleiben. Matti hat eine finnische Mutter, und er konnte gut schwedisch. Deshalb hat er sich in Schweden beworben und sofort einen Job am Vänern-See gekriegt, als Statiker in einer Firma für Holzhäuser. Das war ihm aber auf die Dauer zu theoretisch, er wollte lieber mit seinen Händen arbeiten. Also hat er geguckt, wo man Holzbootbauen lernen kann. Diese Werft hier war damals eine Berufsschule, und da hat er 2007 seine Ausbildung begonnen. Nun hatten wir ja die beiden Jungs, und als David, der Ältere, zur Schule kommen sollte, standen wir vor einem Problem, denn ich wollte die Kinder zu Hause unterrichten. Wir glauben nämlich, dass die Kinder da viel besser lernen. Leider ist das ist in Schweden wie auch in Deutschland nicht erlaubt, deshalb mussten wir hier wieder weg. Wir sind nach Schottland gegangen. Matti hatte sofort einen Job auf der Werft von Adam Way in Argyll. Das war 2013, als dort die MISTY restauriert wurde, eine legendäre klassische Yacht. Später hat die Werft auf einen Schlag alle entlassen. Mit einer Woche Kündigungsfrist! Das war schon hart. Aber Matti hat seinen alten Chef hier angerufen, und der hat gesagt, er könne jederzeit wiederkommen. Die Berufsschule gibt es nicht mehr, aber die Werft arbeitet nach wie vor, auch wenn der Chef inzwischen 83 Jahre alt ist. Das war im Januar 2015. Die Jungs gehen jetzt auf einer Nachbarinsel zur Schule. Im Sommer, mit ein paar tausend Sommergästen, ist es mir hier fast zu voll. Aber im Winter ist es wunderschön. Ich erinnere mich noch an den Winter, bevor wir nach Schottland gegangen sind. Von Februar bis April hatten wir Minus 20 Grad, jeden Tag Sonne, einen Meter Schnee und alles war zugefroren. 150 Menschen sind dann noch hier, jeder kennt jeden. Ingmarsö ist eine lebende Insel. Es gibt die zwei Bootswerften, eine Kunststoff-Fabrik und eins der Call-Center der Taxizentrale Stockholms. Es gibt das Gasthaus und den kleinen Supermarkt, wo sich alle treffen. Da jobbe ich ab und zu, und manchmal auch hier auf der Werft. Aber ich habe ich mich gerade an der Uni in Stockholm beworben, für Medizin.

DOREEN UND MATTI MIT LUCIEN UND DAVID. SIE ALLE SPRECHEN
DREI SPRACHEN FLIESSEND: SCHWEDISCH, ENGLISCH UND DEUTSCH

normal. Dann richte ich mich ein wenig auf, klappe den Lukdeckel hoch und sinke noch mal zurück. Ich atme die frische Morgenluft, die hereinströmt, blicke hoch zum Mast, der senkrecht ins wolkenlose Blau ragt, sehe eine Möwe, die durchs Blickfeld segelt, und weiß in diesen ersten Momenten des neuen Tages schon, dass ich hier im Grunde doch alles richtig mache.

Am Abend hatte mein Handy noch die Glocke geschlagen, das Zeichen für eine eingehende SMS. Die hatte Andreas geschickt. Er hat meinen Blog auf Facebook gefunden, und wir haben schon seit Rödhamn losen Kontakt, aber bis jetzt noch keinen Treffpunkt finden können. Nun wollte es der Zufall, dass er mit seiner SLISAND in einer Bucht nicht mal eine Meile von hier ankert. Nach dem Frühstück kommt er um die Ecke getuckert und machte längs an der TUNØ fest. Drei Bajuwaren an Bord, und als ich das bemerke, sofort Protest von Andreas: »Ich bin kein Bayer, ich bin Franke!« Sein Festnetztelefon, dessen Nummer er mir später gibt, hat allerdings die Vorwahl 089, aber geschenkt.

Ich verschweige den Dreien meine Dummheit vom Vorabend nicht, und Andreas macht den Vorschlag, dass wir mit der SLISAND nochmal im drüben hin- und herfahren und dabei seinen Heckanker hinterherziehen können. Vielleicht haben wir ja Glück und fangen auf diese Weise meine Leine ein. Aber das klappt auch nicht – der einzige Effekt ist, dass alle Jungs beschäftigt sind.

Der Himmel hält sein morgendliches Versprechen den ganzen Tag lang, nicht eine Wolke darf vorüberziehen. Um nicht ganz den Anschluss zu verlieren, fange ich mir übers Internet einen deutschen Radiosender ein, aber das ist eine ganz dumme Idee. Irgendwie scheinen die Wellen aus einer völlig anderen Welt zu kommen. Das Musikgedudel geht mir innerhalb kürzester Zeit auf die Nerven, und die Nachrichten der letzten Tage lassen mich sowieso an jeder menschlichen Vernunft zweifeln. Terroranschlag in Nizza, Axt-Attacke in der Deutschen Bahn, Putschversuch in der Türkei, und, um das Maß des Irrsinns voll zu machen, höchstwahrscheinlich ein amerikanischer Präsidentschaftskandidat namens Donald Trump.

Eine Freundin schreibt mir eine SMS: Sei froh, dass du so weit weg bist, hier drehen sie gerade alle durch. Aber irgendwann werde ich zurückkommen müssen, daran mag ich im Augenblick gar nicht denken.

Schnell melde ich mich wieder ab aus dem weltweiten Netz und komme zurück ins Hier und Jetzt. Die Ufer ringsum sind dunkel und sattgrün, ein einziger, stiller Friede, und zum Finale dann ein Sonnenuntergang wie auf einer Kitschpostkarte. Als wenn das alles noch nicht reichen würde, lege ich noch was drauf. Aus den Boxen kommt Mark Knopfler und ins Gläschen ein ganz feiner Rum. Als Gefühlsverstärker, wenn man so will.

An der Festung Vaxholm bin ich in den letzten Tagen schon zweimal vorbeigekommen, aber den Ort, ein sehr angesagter Vorort der Hauptstadt, habe ich noch nicht besucht. Auf dem Weg zurück nach Stockholm möchte ich das nun endlich nachholen und suche mir nebendran einen Kurzzeit-Ankerplatz, damit ich nicht in den vollen Hafen muss. Mit meinem Gummiboot, einem kleinen Kaufhaus-Schlauchboot, das ich nur aufpumpe, wenn ich es brauche, paddele ich ans Ufer. Im Ort herrscht Riviera-Atmosphäre, italienisches Feeling, es summt und brummt, Cafés und Restaurants, alles voller Menschen. Einen Schiffsausrüster gibt es auch, da gucke ich mir mal an, was der an Ankern im Angebot hat. Die Auswahl ist recht ordentlich, aber alles nur Edelstahl, hochglanzpoliert. Klar, wenn die Klientel mehrheitlich aus Motorbootfahrern besteht, die brauchen so was natürlich. Ich kaufe mir stattdessen ein Eis auf die Hand und schlendere noch eine Weile durch die Straßen, bevor ich zur Nacht in die nächste Bucht weiterziehe. Menschenmassen werde ich in Stockholm noch genug haben, da kann ein bisschen Ruhe vorher nicht schaden. Der Freitag kommt schneller als gedacht, und schon liege ich wieder im Wasahafen.

FREITAG, 22. Juli. Ein bisschen Ordnung schaffen und nochmal den Proviant auffrischen, bevor Sanne und Lilli kommen. Ich räume für sie ein paar Schapps und Fächer leer, Frauen kommen ja nie ohne Zubehör.

Am Abend laufe ich zum Bahnhof, um die beiden abzuholen. Pünktlich zur verabredeten Zeit stehe ich auf dem Bahnsteig. Der Zug fährt ein, der Zug fährt wieder ab, der Bahnsteig leert sich, ich stehe immer noch da. Allein. Die sind nicht ausgestiegen. Natürlich mache ich mir sofort Sorgen, und mein Kopfkino spielt mir die absurdesten Szenarien vor. Wenn ich's nicht schwarz auf weiß hätte, die Ankunftszeit, die Zugnummer! Hätten sie beim Umsteigen in Kopenhagen den Zug verpasst, kämen also mit dem nächsten eine Stunde später, hätten sie mir doch eine Nachricht geschickt. Ich versuche sie anzurufen, aber beide Handys sind natürlich nicht erreichbar. Mit allerlei krausen Gedanken im Kopf laufe ich so häufig in der Bahnhofshalle auf und ab, dass ich schon befürchte, gleich von irgendeiner Überwachungskamera erfasst und als verhaltensauffälliges Subjekt verhaftet zu werden. Deshalb gehe ich lieber langsam wieder Richtung Hafen und hoffe, dass sich alles irgendwie wohlgefällig auflösen wird.

Mein Telefon klingelt, Lilli ist dran. »Hey Papa, wir stehen auf dem Bahnsteig, und wo bist du?« Auf dem Absatz kehr und ein rekordverdächtiger Sprint zurück zum Bahnhof. Da stehen sie, erklären mir seelenruhig, dass sie doch von vornherein den späteren Zug gebucht hatten und ich das wohl verplant habe. Ich bin also mal wieder der Doofe. Sie lachen mich aus, und als ich dann noch erzähle, dass ich vorhin sogar kurzzeitig erwogen habe, zur Polizei zu gehen, können sie sich gar nicht mehr einkriegen.

Sonnabend Sightseeing und am Sonntag laufen wir aus, ganz sutsche 19 Meilen nach Härsö im Baggensfjärden. Die Fahrt geht durch den Baggensstäket, das ist ein sehr schmaler Sund, links und rechts parkähnliche Landschaft, direkt am Wasser liegt ein Friedhof. Vorgeschriebene Höchstgeschwindigkeit fünf Knoten, überholen in der Rinne ist nicht möglich. Hinter uns zwei Motorbootfahrer, die ihren Schaum kaum bremsen können. Kurz vor der Ausfahrt in den Fjord nehmen sie schon langsam Fahrt auf, kommen links und rechts dicht neben uns, und legen genau in diesem Moment die Hebel auf den Tisch. Der Schwell wirft uns beinahe aufs Ufer. Das ist doch wirklich ätzend, die Idee von Freizeit in der Natur wird von solchen Leuten restlos pervertiert.

Mein Vater hat nie ganz verstanden, warum ich ein Boot wollte. Wir stammen aus Franken, wozu braucht man da ein Boot? Aber mein Herz schlug schon lange nord- deutsch, und immer hab ich mein Geld gezählt, ob es vielleicht für eine alte Marie- holm reicht, oder irgendetwas in der Preisklasse. Vielleicht würde mein Vater mir den noch fehlenden Betrag dazugeben, leihweise. Er wusste ja von meinen Träumen, und zweimal war er auch mit mir und meinen Jungs eine Woche gesegelt. Dann rief er mich eines Tages aus heiterem Himmel an, und fragte, warum ich mir eigentlich kein neues Boot kaufen würde. Ein werftneues, meinte er. Ich fiel aus allen Wolken. Es gäbe doch diese Werft in Franken, Bavaria. »Aber du weißt schon, was so ein Schiff kostet, oder?«, fragte ich ihn. Ja, meinte er, aber die Aktien stünden der- zeit so gut, dass er sich vorstellen könnte, mir kräftig unter die Arme zu greifen. Das war natürlich super, nur seine Idee, dass es eine Bavaria sein sollte, deckte sich ganz und gar nicht mit meinen Vorstellungen. Bloß weil die in Franken ge- baut werden. Man muss dazu natürlich wissen, dass mein Vater sich niemals etwas Gebrauchtes kaufen würde. Also musste ich es ihm erklären. »Nimm mal an«, sagte ich, »jemand kauft sich einen nagelneuen Skoda. Der erleidet seinen ersten Wert- verlust schon in dem Moment, in dem man das erste Mal den Zündschlüssel umdreht. Nun stell dir vor, jemand kauft sich einen 30 Jahre alten Daimler. Top gepflegt und gut in Schuss. Wenn der gut behandelt wird, behält er seinen Wert auch noch die nächsten 30 Jahre.« Das hat ihm sofort eingeleuchtet, Autos sagen ihm was. Noch am selben Abend bin ich zum Kiosk geradelt und hab mir die Bootsbörse geholt. Und da war sie, die OE 32, das Schiff, auf dem wir jetzt hier sitzen. In diesen Bootstyp hatte ich mich schon 15 Jahre vorher verliebt. Das Boot stand in Travemünde im Winterschlaf in der Halle. Da sind Boote ja nie wirklich attraktiv, aber ich habe mich unter Deck an den Navigationstisch gesetzt, das Boot auf mich wirken lassen, und dann habe ich gesagt: »Okay, ich nehm sie.«

ANDREAS AUS MÜNCHEN SEGELT SEINE *SLISAND*, EINE OE 32,
SEIT 2007. MIT AN BORD SIND ZUR ZEIT REINHARD UND WALTER. DIE DREI
WAREN MIT DEM SCHIFF AUCH SCHON IN SCHOTTLAND UNTERWEGS

Ich hatte Sanne und Lilli von meinen diversen Erlebnissen ähnlicher Art erzählt, sie haben mir nicht glauben wollen und gesagt: »Du immer mit deinen Vorurteilen.« Jetzt glauben sie mir alles.

Härsö ist wunderschön, aber wir sind hier nicht allein. Weil wir das auch mal haben wollen, gehen wir am anderen Morgen kurz raus, nur um eine Insel weiter mit dem Bug am Felsen festzumachen. Einen Anker haben wir ja noch. Bevor ich den über die Kante schubse, vergewissere ich mich allerdings zweimal, dass das Ende der Leine auch sicher belegt ist. Ganz so ruhig, wie es von weitem aussah, ist der Platz nicht. Obwohl in Lee der Insel, kommen doch von Zeit zu Zeit Fallböen von oben übers Eiland. Es besteht aber kein Grund zur Unruhe. Die Felsen sind sonnenwarm, da sitzen wir, lesen und lassen den Tag vorüberziehen. Dieser Sommer ist ein Traum, von mir aus kann es immer so weitergehen. Lilli geht in die Blaubeeren, kommt aber ziemlich schnell mit roten Flecken an den Beinen zurück. Die Beeren werden ganz hervorragend bewacht. Riesige Ameisen krabbeln einem über die Füße und versprühen ihren brennenden Saft, sobald man nur kurz stehenbleibt.

Lange Schläge segeln wir in dieser Woche nicht, weil wir uns nicht allzu weit von Stockholm entfernen wollen; Lilli muss am Freitag von dort wieder zurückfahren. Also erkunden wir die nähere Umgebung. Saltsjöbaden liegt zwar schon ein paar Meilen hinter uns, hat aber als Attraktion den königlichen Segelclub zu bieten. Der Hafen ist nett, aber kein Must-See. Der König ist auch nicht da. Am eindrucksvollsten ist das Grand Hotel, ein protziger Kasten im Scheitel der Bucht. Im Ort suchen wir vergeblich einen Supermarkt. Nur mit dem Bus kämen wir hin. Da ist der Weg in die *Holmen Kök & Bar* direkt vor dem Bug verlockend einfach, auch die Speisekarte sieht hier sehr gut aus. Die Spalte rechts, wo die Preise stehen, hat mich vor ein paar Wochen noch regelmäßig schockiert. Mittlerweile blende ich die einfach aus. Nützt ja nix.

Weil es Donnerstag regnen soll (sollen wir das glauben?), planen wir für Mittwoch schon den Schlag nach Nynäshamn. 50 Meilen sind es. Wir kommen abends um

ER: Wenn man das erste Mal seine neue Liebe mit an Bord nimmt, hat man ja im Stillen die Hoffnung, dass sie sich vom Segelvirus infizieren lässt.

SIE: Immerhin hatte ich ja schon einen Segelschein. Den habe ich mal vor Ewigkeiten auf der Alster gemacht.

ER: Am Anfang sind wir nur kurze Schläge auf der Eckernförder Bucht gesegelt, um auszuprobieren, ob das klappt mit uns beiden. Vor zwei Jahren waren wir dann zum ersten Mal länger unterwegs, zwei Wochen in Westschweden.

SIE: Ich fand's toll, dass Ingo als Skipper so total entspannt war. Manchmal beobachtet man ja diese Typen, die ihre Frauen an Bord rumscheuchen, also nee!

ER: Stimmt, wir waren von Anfang an eine gute Crew.

SIE: Ja, die Stimmung war toll. Und dann, am letzten Abend in Göteborg, lag neben uns ein Boot mit einem Paar, die waren ein halbes Jahr lang unterwegs. Da hab ich gesagt, wie wärs's denn, wenn wir auch mal länger, drei Monate oder so, zusammen segeln?

ER: Und später, am selben Abend, saßen wir in einem Café, als draußen eine Hochzeitsgesellschaft vorbeifuhr. Da hab' ich zu Gönül gesagt, eigentlich schade, dass du mich nicht heiraten willst.

SIE: Das war natürlich Quatsch, er hat nämlich bis dahin immer gesagt, dass er nicht heiraten will!

AM 15. MAI 2015 HABEN INGO UND GÖNÜL AUS HAMBURG
GEHEIRATET. DIE HOCHZEITSREISE GING IN DIE TÜRKEI,
ABER DIESES JAHR SIND SIE DREI MONATE AUF DER OSTSEE
UNTERWEGS. SIE SEGELN EINE WILLING 31, DIE *BLUE S*

NYNÄSHAMN | FREITAG, 29. JULI

Freunde, die mich noch nicht so lange kennen, sagen: »Was, du machst Urlaub mit deinen Eltern?« Die können gar nicht verstehen, dass mir das wirklich Spaß macht und mich an Kindertage erinnert. Da waren wir jeden Sommer alle zusammen und mit vielen Freunden auf Svelmø. Außerdem war ich schon lange nicht mehr im Norden und auf dem Wasser.

MARLENE, MEINE MITSEGLERIN VON STOCKHOLM
NACH NYNÄSHAMN

halb zehn an, kein Ding, wie ich finde, aber den Mädels war's zu lang. Und am Donnerstag? Regnet es nicht, oder nur ein paar Tropfen. Umso besser.

Mit einem Hamburger Seglerpaar habe ich seit ein paar Tagen E-Mail-Kontakt. Sie kommen von Süden und wollen noch weiter zu den Ålands. Auch sie haben im Internet von meinem Projekt gelesen, und hier, in Nynäshamn, sind wir verabredet. Nach dem Besuch bei ihnen an Bord der BLUE s sitze ich im Cockpit und ziehe die Fotos auf meinen Laptop, da kommt von hinten auf einmal ein ziemlich großes Aluboot näher und jemand ruft: »Christian!«. Es dauert einen Moment, bis ich merke, dass ich gemeint bin. Aus dem Ruderhaus winkt Olle. Olle, den ich mit seiner Männercrew vor über einem Monat in Estland getroffen hatte. Er hatte mir damals erzählt, dass er auf Yxlö wohnt, der nächsten Insel hier, und ich hatte ihm geschrieben, dass wir in der Nähe sind. Nun ist er gekommen, um uns abzuholen, zu Kaffee und Kuchen bei ihm zu Hause. Lilli und Sanne staunen nicht schlecht, als sie mich auf einem Motorboot durch den Hafen cruisen sehen. Auf einem Motorboot! Die beiden steigen über, und Olle fährt mit uns die knappen fünf Meilen bis zum Anleger direkt vor seinem Haus. So kommen wir in den Genuss, mal die Perspektive zu wechseln. Bewundern wir sonst immer die schönen Häuser an den Ufern vom Boot aus, gucken wir jetzt mal von der Terrasse eines solchen Hauses aufs Wasser.

Zurück an Bord packt Lilli ihre letzten Sachen. Die Woche ist schnell vergangen. Morgens um acht steigt sie in den Bus nach Stockholm. Wir winken, sie winkt zurück, und dann ist sie schon wieder weg.

Der Motor hustet trocken und klingt wie ein Kettenraucher morgens nach einer langen Nacht. Na gut, nicht alles was hinkt, ist ein Vergleich, aber trotzdem stimmt hier was nicht. Das vertraute Blubbern am Kühlwasseraustritt fehlt. Am Vormittag, kurz nachdem wir Nynäshamn verlassen hatten, war alles noch wie immer gewesen. Da waren wir durch den Dragetskanal getuckert, diese ganz schmale Rinne zwischen der Insel Järflotta und dem Festland. Im 13. Jahrhundert war der Wasserspiegel in diesem Teil der Ostsee noch etwa drei Meter höher als heute; damals war die Durchfahrt auch für größere Fahrzeuge problemlos möglich. Durch die Landhebung hatte sich die Wassertiefe 600 Jahre später auf nur noch 30 Zentimeter verringert, sodass die schwedische Marine, die diese Abkürzung damals für ihre neuen Torpedoboote brauchte, die Passage unter Zuhilfenahme von Dynamit vertiefen und verbreitern ließ. Nicht nur gut für sie, sondern auch für uns Freizeitskipper! Hinter uns fuhr ein Paddler im gleichen Tempo, ohne dass es aussah, als müsse er sich besonders anstrengen.

Spätnachmittags erreichen wir die Einfahrt nach Trosa. Der Hafen ist bis auf den letzten Platz belegt, am Abend soll hier das Benny-Anderssons-Orchester Open Air spielen, und alle ABBA-Fans sind offenbar schon da. Ich lasse die Fock bis kurz vor den Stegen stehen, dann rolle ich sie weg und starte die Maschine, die aber offensichtlich ohne Kühlwasser läuft. Das kann schnell böse enden, deshalb stoppe ich sie sofort und rolle das Vorsegel wieder aus. Damit ist an eine Liegeplatzsuche weiter drinnen nicht mehr zu denken. (Was auch sehr gut ist, wie wir im Laufe des Abends merken. Einige Fans sind so beseelt von Musik und Alkohol, um nicht zu sagen, sie sind stockblau, dass sie beim Überbordpinkeln nicht mehr daran denken, dass neben ihrem Boot noch ein anderes liegt. Das plätschert schön auf den Teakdecks …) Ich peile einen Platz ganz außen im Päckchen neben einer deutschen Yacht an. Der Eigner sieht uns unter Segel ankommen und hängt vorsichtshalber schnell noch ein paar Fender mehr an die Reling. Aber das Manöver klappt einwandfrei, und nun ist Fehlersuche angesagt. Ich bin ja weiß Gott nicht der große Motorenexperte, aber was ein Impeller ist, und dass ein defekter Impeller die Ursache für Kühlwasserprobleme sein kann, das hatte ich schon mal mitbe-

DRAGETSKANAL | FREITAG, 29. JULI

1995 kam ich mit einem Sechs-Monats-Vertrag nach Schweden, der Arbeit wegen. Und geblieben bin ich seit mehr als 20 Jahren der Liebe wegen. Liebe zur Mutter meiner Kinder, meiner Tochter und meinem Sohn; Liebe zu meiner neuen Familie, meiner neuen Frau und meinem »Bonus-Sohn«; Liebe zu diesem Land, das so offen und aufgeschlossen ist. Und zu dieser wunderbaren Natur. Jede Jahreszeit hier ist fantastisch: Skilaufen im Winter, Schlittschuhlaufen auf den Seen oder sogar auf dem Meer, wenn's zugefroren ist. Querfeldeinläufe im Frühling, wenn die Natur erwacht, das erste Schwimmtraining draußen. Im Sommer: Laufen, Schwimmen, Kajakfahren. Und schließlich, im Herbst, das Pilzesammeln. Und es gibt immer noch was Neues zu entdecken.

ERIC, FRANZOSE IN SCHWEDEN, HAT DEN KANAL SCHON AUF ALLE
ERDENKLICHEN ARTEN UND WEISEN DURCHQUERT.
NUR DURCHGESCHWOMMEN IST ER BIS JETZT NOCH NICHT

Mitte September müssen wir zurück in Deutschland sein, rechtzeitig zum Start unserer nächsten Kreuzfahrt. Wir reisen furchtbar gern. Im Sommer sind wir auf unserer Segelyacht, doch für alles, was wir auf eigenem Kiel nicht schaffen, buchen wir Kreuzfahrten. Auf diese Weise sind wir schon durch den Panamakanal gefahren und auf der Themse unter der Towerbridge durch. Wir suchen uns immer die kleineren Schiffe aus, mit denen man so etwas machen kann. Als nächstes geht's jetzt rund Großbritannien, im Februar dann nach Kuba. Die Landausflüge nutzen wir, um Städte kennenzulernen, und wenn es uns da gefällt, fahren wir ganz gezielt extra noch mal hin. Venedig zum Beispiel, oder Rom. Im Januar sind wir zur Abwechslung in den Bergen zum Skifahren. Im Grunde sind wir also ständig unterwegs. Unser Haus ist eigentlich über, eine Dreizimmerwohnung würde reichen. Allerdings müsste der Keller ziemlich groß sein, für den ganzen Bootskram.

ANDREAS UND SUSANNE AUS BAD SCHWARTAU SEGELN
DIE *MA BRUMMI*, EINE DEHLER 41 DS

kommen. Nur: Wo sitzt der eigentlich? Das Handbuch kann weiterhelfen, und das Teil, das aussieht wie ein kleines Mühlrad aus Gummi, ist tatsächlich kaputt. Eine Schaufel fehlt und bleibt verschwunden. Wat nu? Andreas, der Nachbar, kennt sich besser aus. Das Gummiteilchen muss irgendwo in der Leitung stecken und diese Verstopfung ist vermutlich auch die Ursache für den Kühlwassermangel. Über die Reling gibt er mir Tipps, wie und wo ich suchen muss. Und tatsächlich, da ist es ja. Ein Ersatzimpeller ist schnell eingesetzt und der Motor zum Probelauf gestartet. Allein, das war's noch nicht. Er läuft trocken wie zuvor.

Jetzt ist Andreas' Neugier endgültig geweckt. Er kommt rübergeklettert und schaut sich den Schlamassel aus der Nähe an. Die Seewasser-Zuleitung? Nein, die ist frei. Der Wasserfilter? Nein, der auch nicht. Nicht verstopft und die Dichtung in Ordnung. Trotzdem kommt verdammt nochmal kein Wasser an. Ich nehme den Filter zum x-ten Mal in die Hand, und erst jetzt bemerke ich, dass der Deckel einen Sprung hat. Einen ganz, ganz kleinen, aber groß genug, um Luft zu ziehen, sodass drinnen kein Unterdruck entstehen kann. Den braucht's aber, um das Seewasser anzusaugen. Das Ganze an einem Freitag Abend, wenn alle Werkstätten und Zubehörhändler längst Feierabend haben. Na toll. Die einzige Möglichkeit wäre, meint Andreas, den Filter zu überbrücken, eine Weile könne das Kühlwasser auch ungefiltert durch den Motor laufen. Dazu muss ich die Schläuche unterhalb des Filters miteinander verbinden, ohne dass ein Leck entsteht, und ich kriege das auch tatsächlich hin. Als ich fertig bin, sehe ich richtig zünftig aus. Meine zwei linken Hände sind pechschwarz, aber am Auspuff blubbert es wieder.

Kaum hat der örtliche Motormann am anderen Morgen sein Geschäft geöffnet, stehen wir schon im Laden. Er weiß zwar sofort, was wir brauchen, hat aber leider den letzten Filter dieser Größe gerade gestern verkauft. Dann muss es eben bis auf Weiteres ohne gehen. Vor der Schlüsseldrehung steigt die Spannung, aber die Nervosität ist gänzlich unnötig. Es funktioniert, und so machen wir uns auf den Weg nach Broken. Eine kleine Insel mit einem Naturhafen, die zum Nyköping-Bootclub gehört. Der Club stellt auch den Hafenmeister, der mit seiner Familie im Sommer sieben Wochen lang hier wohnt und viel mehr macht, als nur das Liegegeld zu kassieren. Abends geht er von Boot zu Boot und verkauft geräucherte Garnelen, morgens klammert er Brötchentüten an die Bugkörbe.

Die größte Attraktion aber ist die Sauna auf der anderen Inselseite, durch deren bodentiefe Fenster man freien Blick aufs Meer hat. Als wir reinkommen, schwitzt drinnen schon die Besatzung der dänischen Yacht, die mit uns am Schwimmsteg liegt. Zwei Frauen, zwei Männer, die untereinander französisch sprechen. Sehr ungewöhnlich. Des Englischen sind sie aber ebenfalls mächtig, und so können wir unsere Neugier befriedigen. Sie kommen aus Südfrankreich, von der Côte d'Azur. Wie viele Segler kenne ich, die meine nordischen Neigungen mit Stirnrunzeln kommentieren, weil für sie selbst nur die wärmeren Gefilde infrage kommen? Und hier diese vier, die das Mittelmeer vor der Haustür haben, schippern lieber auf der Ostsee, weil ihnen die Segelei da unten auf die Dauer zu langweilig ist. Keine kleinen Inseln, sagen sie, die Sommer zu heiß und die Häfen zu voll und zu teuer. Vor allem der Skipper, der schon jede Menge Meilen im Kielwasser hatte, kann tolle Geschichten erzählen.

Der Südwest ist hartnäckig, eisern hält er auch die nächsten Tage durch. Wenn sich am Wind überhaupt mal was ändert, dann nicht die Richtung, nur die Stärke. Der Begriff »Gegenflaute« wäre die zutreffendste Bezeichnung für das, was wir oft haben. Aber immer, ich mag es schon gar nicht mehr erwähnen, bei schönstem Sonnenschein. Kreuzschläge wechseln sich also mit Motorstrecken ab, das Wasser läuft immer noch ungefiltert durch die Schläuche, und meine selbstgebastelte Verbindung hält weiter dicht. Nach Arkösund machen wir in Harstena fest, dann auf Idö, um dort beim Abendessen im Panoramarestaurant über den Tellerrand zu schauen und den wirklich sensationellen Meerblick zu bewundern.

Von dort nach Västervik sind es nur sechs Meilen. Da wollen wir hin, denn da hoffe ich, einen Ersatzfilter zu bekommen. Außerdem wohnt Ragnwaldh hier,

Meine Eltern stammen aus Dänemark, mein Vater war Segelmacher und Partner von Poul Elvström. Eines Tages kam eine Anfrage aus Südfrankreich, sie brauchten da unten einen fähigen Segelmacher. Meine Mutter, die als junges Mädchen eine Zeitlang in Nizza gelebt hatte, war sofort begeistert, und so zogen meine Eltern von Dänemark nach Cannes. Das war 1957, im Jahr darauf wurde ich geboren. Für unsere Nachbarn sind wir immer »les Vikings« geblieben. Ich wurde Segelmacher wie mein Vater, und Regattasegler. 1981/82 war ich Crewmitglied auf der KRITER beim Whitbread-Round-The-World-Race. Aber irgendwann, nach 25 Jahren, hab ich festgestellt, dass ich mir als Segelmacher wohl niemals ein eigenes Schiff würde leisten können. Also hab ich umgesattelt auf Holz und wurde Zimmermann. Als erstes hab ich meiner Familie ein eigenes Haus gebaut. Dazu bin ich nach New Mexico gefahren und hab mir angeguckt, wie ein Earthship konstruiert ist. Da gibt es so einen Hippie-Architekten, der hat die erfunden. So eins hab ich dann in Cannes auf unser Grundstück gestellt, und da leben wir jetzt seit drei Jahren. Mein neuestes Projekt ist nun dieses Boot, dass ich gerade in Kolding gekauft habe. Ich finde nämlich, dass der Norden noch die große Segelfreiheit bietet. Fahr mal um diese Jahreszeit nach Korsika. Unglaublich, was die da an Hafengebühren verlangen, und unfreundlich sind sie noch dazu. Und dann die Hitze. Nein, ich hab mir vorgenommen, die nächsten vier Jahre jeden Sommer drei Monate hier oben zu sein und allen Freunden zu Hause zu erzählen, wie schön es hier ist. Die glauben ja immer noch, dass man hier sofort erfriert. Das ist meine Cruising-Phase, dafür habe ich mich auch ganz bewusst für eine Deckssalon-Yacht entschieden. Danach werde ich mir dann ein anderes Schiff kaufen, etwas größer und robuster, eine alte Swan vielleicht. Damit werde ich über Schottland, Island und Grönland nach Neufundland segeln. Dort gab es in grauer Vorzeit mal eine Wikingersiedlung, da will ich hin.

FINN AUS CANNES SEGELT MIT SEINER FRAU CAROLINE
UND FREUNDEN AUF EINER NORDSHIP 35.
DAS BOOT HEISST *STRIT*, DAS WAR DER SPITZNAME
SEINES DÄNISCHEN VATERS

der zweite der »Three Men in a Boat«-Crew von Olle. Natürlich habe ich unseren Besuch angekündigt und er hat uns in den Vereinshafen dirigiert, der zwar keinen Swimmingpool zu bieten hat, dafür aber ein vernünftiges Preisniveau. Die Yachtausrüster sind hier komischerweise nicht in Hafennähe, sondern jottwedeh in einem Industriegebiet. Ragnwaldh ist mit dem Auto gekommen und fährt uns geduldig von einem zum anderen, bis wir tatsächlich fündig werden. Der Einbau ist für einen erfahrenen Mechaniker wie mich ein Klacks, und von nun an wird das Ostseewasser wieder ordentlich gefiltert ins Meer zurückgepumpt.

So schön die Fahrerei durch die Schären bisher gewesen ist, langsam habe ich genug vom Zickzacksteuern, und die engen Fahrwasser fangen an, mich zu nerven. Ich möchte mal wieder raus aufs offene Meer. Am Donnerstag ist es endlich soweit: Freie Sicht bis zum Horizont. Aber kreuzen müssen wir natürlich auch hier, unter der Wasseroberfläche lauern gemeine Steine. Sanne ist anfänglich nicht so begeistert, ihr hat es zwischen den Inseln besser gefallen. Viel zu gucken, gut geschützt und wellenlos. Was zu gucken gibt es aber nach kurzer Zeit auch hier. Ein Felsen, an dem wir vorbeisegeln, ist dicht an dicht mit dicken Robben belegt. Die Wellen halten sich auch freundlich zurück. Sanne, die inzwischen richtig seefest geworden ist, macht unter Deck ein Nickerchen, als ich nach einer Peilung mittels GPS feststelle, dass Byxelkrok auf Öland von hier aus ein bisschen näher ist als Figeholm, wo ich eigentlich hin wollte. Und weil die von Sanne erbetene Tagessegelzeit schon lange wieder abgelaufen ist (»sailing only during office hours«, hatte sie einen britischen Segler zitiert), erfolgt eine Planänderung. Damit schließt sich für mich ein Kreis. Genau 73 Tage zuvor war ich mit Jasper hier gewesen. Der Apfelbaum am Hafen hatte in voller Blüte gestanden – jetzt hängt er voller Früchte.. Bei Sonnenuntergang sitzen wir unter schwedischen Fahnen in einer italienischen Pizzeria, wo ein griechischer Wirt Mythos-Bier ausschenkt.

Durch den Abzweiger nach Byxelkrok haben wir's am nächsten Tag so richtig nett. Südwind, Kurs 270°, auf einer Backe ganz easy rüber nach Figeholm, um Luv zu holen für den später angesagten Westwind.

Der brist am nächsten Morgen anfangs ganz harmlos vor sich hin, bis er uns am Ende des Tages im enger werdenden Fahrwasser unter der Kalmarsund-Brücke wie aus einer großen Düse direkt ins Gesicht bläst. Aber erst mal fädeln wir uns durch die Schären vor Figeholm raus ins freie Wasser. Wir machen das unter Segeln, die nackten Masten der anderen, die unter Motor unterwegs sind, kann ich vor dem Ufer kaum ausmachen. Als der Wind nach und nach zunimmt, drehe ich mich nochmal um, und da blühen sie auf wie Lilien im Morgenlicht: lauter weiße Segel vor dem dunklen Waldessaum. Schön sieht das aus.

In Kalmar jogge ich morgens nochmal dieselbe Strecke wie vor drei Monaten. Wo damals bunte Tulpen blühten, blüht jetzt Lavendel. Die Hecken aus wildem Flieder sind längst geschnitten, und die ersten Birken färben sich schon braun. Es ist nicht mehr zu übersehen: Der Sommer bereitet sich auf seinen Abschied vor.

Bei unserer Ankunft hatte Andreas (der von der SLISAND) unsere Vorleinen angenommen. Mit ihm haben wir uns auch für das nächste Etappenziel verabredet, Kristianopel. Der Wetterbericht verspricht Starkwind aus West, und wenn man schon eingeweht hängen bleibt, dann lieber in Kristianopel als in Kalmar. Sagt Andreas, und der spricht aus Erfahrung, weil er dort schon mal ein paar Tage festsaß. Sehr hübscher Hafen, meint er, und absolut geschützt bei Westwind. (Vielleicht freut er sich aber auch über ein bisschen Gesellschaft, denn seine beiden Mitsegler sind in Nynäsham von Bord gegangen.)

Tatsächlich hängen wir da drei Tage fest. Das schweißt zusammen, die Crews werden zu einer Schicksalsgemeinschaft. Neben uns liegt die ELLA mit Georg und Ilka, Rainer und Sabine mit der WIKING kommen auch noch rein, und eben Andreas mit seiner SLISAND. Eigentlich geht es uns richtig gut. Die Sonne scheint warm, und der Hafen ist wirklich derart gut geschützt, dass wir vom Wetter draußen kaum was mitkriegen und uns manchmal fragen, warum wir eigentlich hier rumsitzen, statt zu segeln. Die großen Bäume über unseren Köpfen rauschen allerdings gewaltig, und dann zieht von Westen eine pechschwarze Wolke rüber und macht uns alle nass. Die Böen bringen die Wanten zum Singen. Abends sind es dann wir, die singen. Wir sitzen im Halbkreis um Andreas, der seine Gitarre ausgepackt hat und Oldies but Goldies zum Besten gibt. Nie zuvor sind mir übrigens so viele Union Jacks in der Ostsee aufgefallen wie diesmal. Hier weht schon wieder einer am Heck einer dunkelgrünen Yacht. Im Masttopp allerdings das Andreaskreuz. Ein Schotte also.

Auf einem kleinen Holzboot in der hintersten Hafenecke wohnt Pelle. Pelle ist eine Mischung aus Faktotum und Local Hero. Faktotum, weil er sich das Privileg seines Dauerliegeplatzes durch Gärtnerarbeiten auf dem Campingplatz verdient. Local Hero, weil er Musiker ist, der regelmäßig in der Bar am Campingplatz auftritt. Eine One-Man-Band, von dem alle, die ihn mal gehört hatten, richtiggehend schwärmen.

Für den Abend unseres zweiten Tages war Pelles Auftritt in der Zeltkneipe am Campingplatz angekündigt, und wir natürlich alle hin. Als wir dort eintreffen, hat er schon angefangen. Wir sind leicht irritiert, weil er gleich im ersten Set *My Way* bringt, eigentlich ein klassischer Rausschmeißer. Aber unsere Bedenken sind grundlos, denn danach geht richtig die Post ab. Die LORETTA-Crew aus Leipzig, die heute noch eingelaufen ist, legt vor, danach gibt es kein Halten mehr. Wir stürmen die Tanzfläche und halten sie besetzt, bis Pelle nicht mehr kann. Gestern hat er noch zu mir gesagt, Segler seien so langweilig, die kämen ja nie von ihren Booten runter. Nach diesem Abend weiß er's besser. Als er endgültig den Stecker zieht, sind wir noch längst nicht fertig. Ich gebe die Parole aus, dass die schönsten Partys traditionell immer auf dem kleinsten Boot stattfinden, und alle folgen meinem Ruf. Zum Absacker sitzen wir also mit 14 Mann und Frau, Pelle auch dabei, im Cockpit der TUNØ, wo wir nasse Füße kriegen, weil das Wasser durch die Lenzer schwappt.

Nach dieser Nacht kommen alle morgens etwas schwerer in Gang als sonst. Die Ersten werden jetzt langsam unruhig. Irgendwie muss man ja irgendwann mal hier weg. Abwechselnd gucken wir über die Mole aufs Meer. Weiße Schaumkronen bis zum Horizont. »Alles voller Bäckermützen«, stellt Georg lakonisch fest. Ab und zu sieht man draußen ein Segel vorbeiziehen, aber immer Richtung Norden, schön in der Landabdeckung. Wir wollen alle in die andere Richtung, wo uns spätestens bei Utklippan die Wellen kräftig zusetzen werden. Andreas ist schließlich der Erste, der es nicht mehr aushält. Bäckermützen hin oder her, um 20:00 Uhr läuft er aus. Um 21:59 Uhr schickt er eine SMS: »Kann Kurs anliegen. Welle moderat. Wind 4 aus West. Ein Reff und 5 kn. Südspitze fast querab.« Zusammen mit der ELLA-Crew haben wir beschlossen, morgen in aller Frühe hinterherzufahren. Das gemeinsame Ziel heißt Bornholm.

DONNERSTAG, 11. August. Um 4:00 Uhr ist es noch so dunkel, dass wir mit dem Scheinwerfer die Tonnen anleuchten müssen, um heil aus dem Hafen zu kommen. 83 Meilen später, als wir auf den Erbseninseln ankommen, ist es schon wieder genauso dunkel. Von Kristianopel nach Christiansø, eigentlich war das so nicht geplant.

Mit Andreas und mit der ELLA-Crew waren wir in Allinge verabredet, aber das müssen wir irgendwann knicken. Die TUNØ läuft einfach nicht hoch genug am Wind. Drei oder vier Wenden hätten wir mindestens noch machen müssen und wären dann wohl erst weit nach Mitternacht da gewesen. Dafür macht Sanne heute ihr Steuermanns (Steuerfrau?)-Diplom. Der Wind wird immer stärker und kommt natürlich viel weiter südlich, als versprochen. Die nächste SMS von Andreas empfange ich um 7:01 Uhr: »Warnung! Hier 2 m Welle, Wind 5 bis 6, fahrt nicht hierher. Hab noch 14 sm. Scheißtrip!« In der Tat werden die Wellen immer größer. Zum Teil sind sie wirklich riesig, und einige erbrechen ihre volle Ladung über das ganze Boot. Trotz Sprayhood werden wir im Cockpit geduscht. Sogar das Vorluk, sonst pottendicht, fängt an zu tropfen, und eins der Fenster an Steuerbord. Dazu die nassen Segelklamotten – die Kajüte mutiert innerhalb kürzester Zeit zu einer Tropfsteinhöhle. Ich habe seit zwei Stunden das erste Reff im Groß, als es plötzlich und ohne Vorwarnung knallt und das Segel wild zu schlagen anfängt. Die Reffleine

KRISTIANOPEL | MONTAG, 8. AUGUST

Das Allerschönste hier sind der Himmel und das Licht.
Und das Zweitschönste sind die Backwaren.
SANNE, SEIT STOCKHOLM MIT MIR AN BORD

KRISTIANOPEL | DIENSTAG, 9. AUGUST

22 Jahre hatte ich beruflich als Ingenieur lange und immer wieder in Südostasien zu tun. Ich bin nach wie vor Mitglied im Republican Singapore Yacht Club (RSYC), aber eigentlich segel ich lieber in kühleren Klimazonen. Mein Vater war bei der Army und, noch bevor die Mauer gebaut wurde, in Berlin stationiert. Ich war ein kleiner Junge, als ich das Segeln gelernt habe, in einem Piraten auf der Havel. Heute wohne ich in Edinburgh, wenn ich nicht in Leiden in Holland bin, bei meiner Familie. Augustina und ich haben uns 2006 beim Chinesischen Neujahrsfest in Singapur kennengelernt. Sie stammt aus Java, Indonesien, und war damals mit einem englischen Professor verheiratet, der an der Uni in Leiden unterrichtete. Die Zwillinge hatten sie 2003 adoptiert. Wir sind danach in Kontakt geblieben, und als Augustina später geschieden war, haben wir geheiratet. Damit hatte ich eine neue Familie. Daniel und Ann, die Zwillinge, wurden in Äthiopien geboren. Ihr Vater ist unbekannt, ihre Mutter ist bei der Geburt gestorben. Eine holländische Stiftung, die dort ein Waisenhaus betreut, hat die Adoption organisiert. Als die beiden in Holland ankamen, war ihr Zustand dramatisch. Sie waren ein paar Monate alt, krank und unterernährt. Daniel wog nur drei Kilo, die Ärzte gaben ihm kaum eine Überlebenschance. Aber sie haben es beide geschafft. Nun sind wir als Familie zum ersten Mal auf der Ostsee unterwegs, und es gefällt uns ausgezeichnet. Mich interessiert die Geschichte der Hanse, ich möchte gern die alten Hansestädte besuchen. Mein Schiff lag bis jetzt in Schottland, in Clydebank, aber nun habe ich mein Winterlager dort gekündigt und für den nächsten Winter einen Platz in Ueckermünde gebucht. So kann ich auch die nächsten Jahre noch hier segeln.

PETER, AUGUSTINA, DANIEL UND ANN SEGELN AUF DER *GREENHEART*,
EINER DAWN 39, GEBAUT 1998 IN ENGLAND. DIE POLSTER IM SALON
SIND NATÜRLICH GRÜN BEZOGEN – SCHOTTENKARO

Die Musik liegt bei uns in der Familie. Mein Vater hatte eine Band und spielte Tanzmusik, meine vier Brüder und ich haben früher zusammen Musik gemacht, aber meine Brüder sind Amateure geblieben, während ich immer den Traum hatte, von meiner Musik zu leben. 30 Jahre ist es her, da habe ich angefangen, in einer Band zu spielen. Die anderen Mitglieder waren rumänische Musiker, die damals hierher nach Schweden geflüchtet waren. Wir tourten mit unserer Musik durch ganz Schweden, bis wir einen schrecklichen Unfall hatten. Auf einer eisglatten Straße ist unser Tourbus umgekippt, einer der Rumänen kam dabei ums Leben, ich wurde im Gesicht verletzt. Aber am schlimmer als die Schnitte war das Trauma. Ich konnte nicht mehr spielen, ich konnte drei Jahre lang nicht mal mein Haus verlassen. Meine Brüder halfen mir, wieder auf die Beine zu kommen. Dann habe ich begonnen, alleine aufzutreten. Mit Gitarre und Gesang und selbst aufgenommen Backtracks. Vor allem für die Songs von Elvis habe ich eine ganz gute Stimme. Also die vom späten Elvis. Inzwischen habe ich einen Partner hier aus der Gegend, einen Musiklehrer, der spielt Keyboard und Saxophon. Nächstes Jahr wird er pensioniert, dann wollen wir auch wieder auf Tour gehen. Seit letztem Sommer lebe ich auf diesem Boot, das gehört einem Freund von mir. Der hat sich ein neues zugelegt, aber dies hier wollte er nicht verkaufen. Er meinte, es würde gut zu mir passen. Bisschen was müssen wir mal dran machen. Das Teakdeck auf der Achterkajüte macht mir Sorgen. Aber das Schiffchen ist ja auch schon fast 50 Jahre alt. Nur drei Stück sind davon gebaut worden. Eins ist gesunken, eins ist nach Norwegen gegangen und dieses hier. Natürlich wohne ich nicht das ganze Jahr auf dem Boot. Den Winter verbringe ich auf den Kanaren und mache da meine Musik.

PELLE ANDERSSON UND DIE *LISOLÖTTE AV LISON* LIEGEN
IM HAFEN VON KRISTIANOPEL

ist gerissen. Es erfordert ein bisschen akrobatisches Geschick, bei diesen Bootsbewegungen eine Lösung zu improvisieren; mittels eines Spanngurtes gelingt es mir aber. Sanne sitzt derweil furchtlos Stunde um Stunde an der Pinne und steuert so sicher, dass ich mich eine Zeitlang sogar schlafen lege. Zum Glück scheint den ganzen Tag die Sonne, sonst wäre die Stimmung womöglich doch gekippt.

Der nächste Tag ist für mich ein Schnapstag, mein Achtundachtzigster. Sanne ist, gelinde gesagt, ungehalten, als ich ihr morgens in Erinnerung rufe, was wir gestern kurz vorm Schlafengehen noch besprochen haben. Nämlich dass wir leider sofort weiter müssen, weil heute endlich ein leichter Süddreher zu erwarten ist. Aber eben nur heute. Morgen schon wieder Knatter aus West. Sie hätte sich so gerne die Erbseninseln angeguckt und nach den 18 Stunden gestern ist ihr sowieso eher nach einem Hafentag zumute. Aber bei dieser Windvorhersage wäre es nicht bei einem Hafentag geblieben. Eher wären es zwei oder sogar drei geworden. Noch ist es fast windstill, die Sonne scheint, wir motoren Richtung Hammer Odde, der Nordspitze von Bornholm, und frühstücken unterwegs. Kurz darauf holen wir die Schoten dicht und gehen an den Wind – und tatsächlich, es wird ein Tag ohne eine einzige Wende. Ohne dass wir reffen müssen! Allerdings auch nur, weil wir rechtzeitig Ystad erreichen, denn das Wetter hat sich am späten Nachmittag rapide verschlechtert. Der Wind legt ordentlich zu, es regnet heftig und die Sicht ist so schlecht, dass wir die Schnellfähre von Bornholm erst hören, bevor wir sehen, wie sie uns in ziemlich geringer Entfernung überholt. Wäre das noch eine Weile so weiter gegangen, hätten wir auch wieder ein Reff gebraucht. Der Wind übt schon mal für morgen.

An der LA SYLPHIDE hängen schon die Fender draußen, als wir in den Hafen einbiegen. Jule und Matthias haben uns erwartet. Wir wollten die beiden eigentlich ebenfalls schon in Allinge treffen, aber daraus wurde ja nichts. Die Wiedersehensparty geht bis weit nach Mitternacht, aber morgen haben wir ja auch nichts Großes vor. Matthias war der Zahnarzt meines Vertrauens. Bis er Anfang dieses Jahres seine Praxis abgegeben hat, hat er sich jahrelang um die nötigen

Inspektionen und Reparaturen meiner Kauleisten gekümmert. Deshalb bitte ich ihn, sich mal den Zahn anzusehen, der mir in Broken (ausgerechnet!) abgebrochen war. Die Diagnose ist ernüchternd. Das Wort Autodestruktion kommt darin vor, ich finde, das klingt ziemlich gemein. Und es ist nicht etwa ein Zahnersatz abgebrochen, wie ich vermutet hatte, im Gegenteil. Die Füllung, die er da vor Jahren mal gelegt hat, steht beinhart. Was weg ist, ist die eigene Zahnsubstanz. Leider hat Matthias vergessen, sich beim umfangreichen Refit seines Schiffs im letzten Winter eine zahnärztliche Behandlungseinheit einbauen zu lassen. Immerhin kann er mit Jules Nagelfeile die scharfe Bruchkante etwas glätten. Sanne hat beschlossen, von hier aus mit dem Zug nach Hamburg zu fahren. Sie leidet inzwischen unter einer ausgeprägten Gegenwindallergie. Ich kann das ganz gut verstehen, weil ich auch bei mir die ersten Anzeichen feststelle. Am Sonntag stehe ich also in Malmö auf dem Bahnsteig und winke ihr hinterher.

Zurück in Ystad. Der Weg zum Hafen führt zwangsläufig an einem Haus vorbei, das wie ein altes Bahnhofsgebäude aussieht, das aber früher mal, als sich davor noch der Strand befand, eine Badeanstalt gewesen ist. Skeppshandel steht in großen Buchstaben über dem Eingang, vor dem sich eine Art Zwischenlager mit maritimem Trödel befindet. Ich möchte wetten, dass es keinen Segler gibt, der daran vorbeigehen kann, ohne wenigstens kurz reinzugucken.

Draußen knattert immer noch der Westwind. Gegen Mittag ist die SCHEHERAZADE aus Hamburg ausgelaufen. Zwei kräftige Männer an Bord, die guter Dinge sind und über Nacht bis Rødby kommen wollen. Nicht mal eine Stunde später sind sie wieder da, und plötzlich gibt es einen Tumult am Steg, denn sie fahren ein ziemlich chaotisches Anlegemanöver. Erzählen was von 7 Windstärken draußen, tragen aber weder Ölzeug noch Rettungswesten. Nach allem, was ich so mitkriege, haben sie wohl versucht, unter Maschine direkt gegenan zu dampfen. Dabei handelt es sich bei dem Schiff um die ehemalige SAUDADE, die »Rote Sau« von Albert Büll, die schon ganz andere Sachen erlebt hat. Mit so einem Schiff könnte

YSTAD | SONNABEND, 13. AUGUST

Lasse hatte mal einen alten Zweimaster, eine Galeasse. Das war 1972 in Stockholm. Es fing alles damit an, dass er Ausrüstung übrig hatte, die er nicht selber brauchte. Die Sachen bot er Freunden zum Verkauf an. Daraus wurde im Lauf der Zeit sein Geschäft. 1990 sind wir nach Ystad umgezogen. Ich arbeitete als Journalistin, aber nach und nach ergab es sich, dass ich immer öfter bei Lasse mithalf. Wir klapperten Auktionen und Flohmärkte ab, hier in Schweden und drüben in Finnland. Wir fuhren bis nach Griechenland und suchten auf Abwrackwerften nach Brauchbarem. Zu der Zeit kannte ich in Piräus jede Straße. Heute nehmen wir Gebrauchtes nur noch in Kommission. Auch wenn es nicht so aussieht, 80 Prozent der Sachen hier sind neu. Aber inzwischen ist Lasse 73, und ich werde nächstes Jahr 70. Wir denken jeden Tag darüber nach, wie lange wir noch weitermachen können.

TACKEL & TÅG, DER LADEN VON LASSE UND CHRISTINA, LIEGT DIREKT AM HAFEN VON YSTAD. WER DURCH DIE TÜR TRITT, FINDET SICH IN EINER MISCHUNG AUS GESCHÄFT UND MUSEUM WIEDER. SELBST WENN MAN BEIM REINKOMMEN NOCH GAR NICHT WEISS, DASS ODER OB MAN ETWAS BRAUCHT, HIER FINDET MAN'S

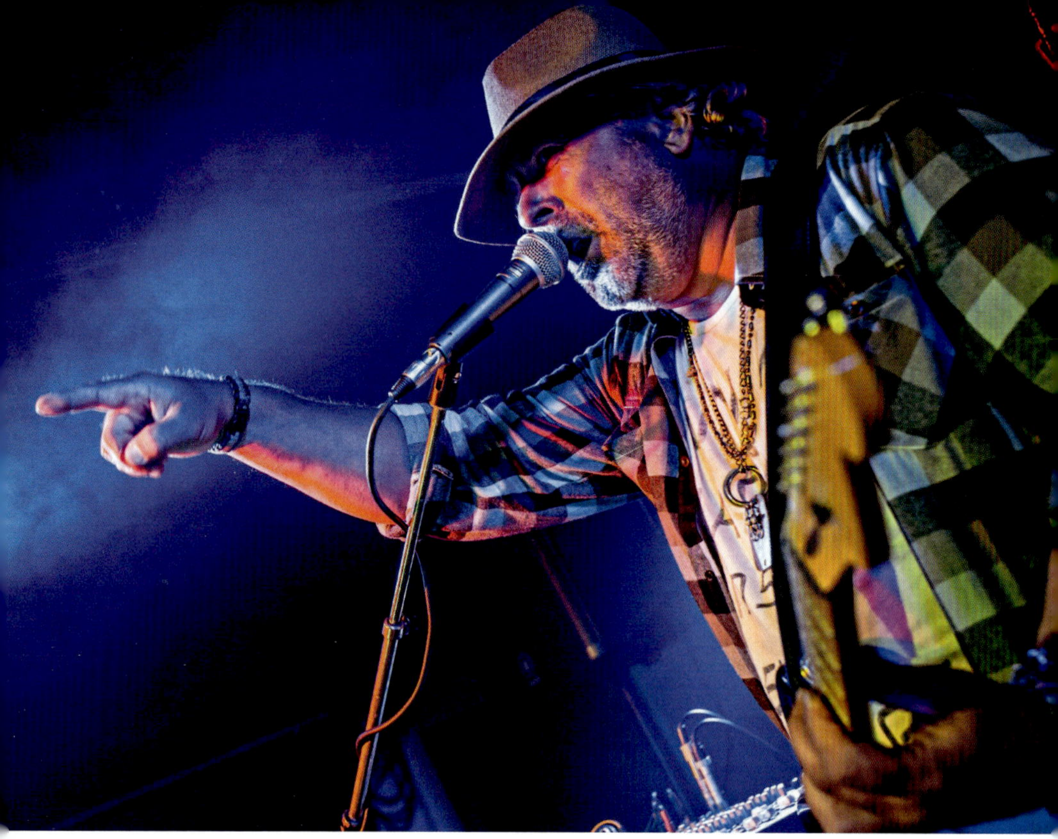

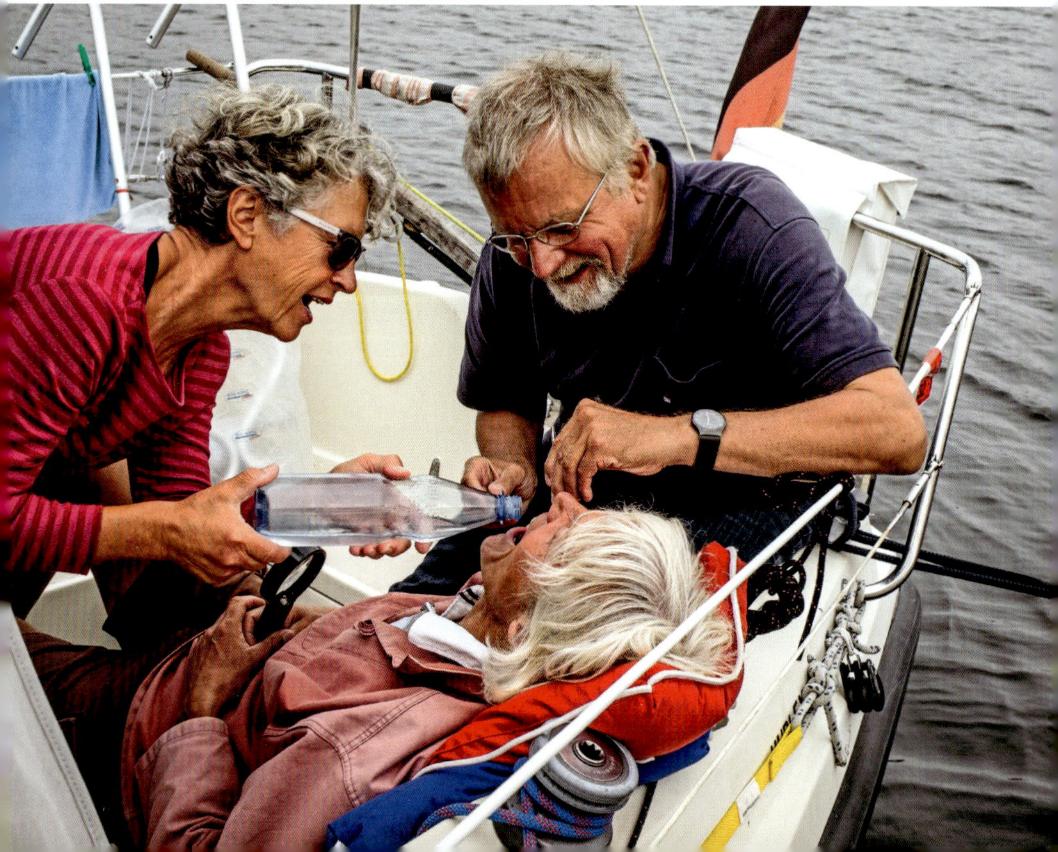

man möglicherweise sogar kreuzen! Spät am Abend bekomme ich eine E-Mail von Christina. Ich hatte ihr einen Link auf meine Facebook-Seite geschickt, wo sie die kleine Geschichte über Tackel & Tåg gefunden hat. Sie schreibt sogar auf deutsch: »Ich habe ein bisschen in deinem Blog gelesen und da habe ich gesehen, dass du ja auch meinen Bruder getroffen hast!« Peter, der Lotse, vor dessen Sauna wir in Notviken angelegt hatten, ist ihr Bruder! Die Welt kann so klein sein, manchmal.

MONTAG, 15.August. Nordwest war uns versprochen, West haben wir gekriegt. Im nächsten Leben werde ich Meteorologe. Stell ich mir ganz cool vor, alle Angaben wie immer ohne Gewähr. Dann ist der Wind sogar ganz weg, ausgerechnet in dem Moment, als drei Fähren ziemlich genau auf mich zukommen. Von Backbord kommt die PETER PAN, von Steuerbord die ROBIN HOOD. Bin ich in hier in Disneyland? Den Namen der dritten weiß ich nicht mehr, wahrscheinlich ARIELLE oder so. Der Motor schiebt mich aus der Gefahrenzone und so weit nach Luv, dass ich, als der Wind wiederkommt, mit einem Schrick in den Schoten auf die Klippen von Møn zuhalten kann. Es entwickelt sich eine traumhafte Abendbrise. Rechts querab geht die Sonne unter, links querab steht der fast schon volle Mond. Die Hafeneinfahrt ist leicht zu finden, aber Matthias, der schon drin ist, hatte mich über Funk gewarnt, etwa eine Meile, davor stünden Pfähle mit Fischernetzen. Also bin ich zum Glück drauf gefasst, als sie plötzlich wie Schatten vor dem Bug auftauchen. Die Dinger stehen im tiefen Wasser und sind trotzdem nicht beleuchtet, und wenn man ungewarnt nicht aufpasst, dann rammt man im Dunkeln voll rein. Wieso ist das erlaubt? Sind das Fischer oder Fallensteller? Jeder Ankerlieger muss ein Ankerlicht führen, sogar im flachen Wasser, und wenn er das nicht tut, kriegt er Stress mit der Küstenwache, wenn sie ihn erwischen.

DIENSTAG, 16. August. Die Fischer werden mir immer unheimlicher. Heute versucht mich der Angelkutter JULE aus Heiligenhafen zu rammen. Natürlich müsste er ausweichen, aber er hält Kurs. Ich setze mein Nebelhorn an die Lippen und blase lang und kräftig. Ein Typ rennt übers Deck zum Ruderhaus, dann macht der

Kahn eine Vollbremsung. Da habe ich aber schon Kurs auf sein Heck genommen. An der Reling steht einer von der Mannschaft, vielleicht ist es aber auch nur ein Angler. Jedenfalls muss der sich meine Schimpftirade anhören, aber außer einem dümmlichen Grinsen zeigt er keine Reaktion.

Hinter mir im Nordosten ist der Himmel schwarz geworden. Das sieht nicht gut aus, ein bisschen unheimlich sogar. Erste Regentropfen fallen, ich sitze schon im Ölzeug und bin gespannt, was noch passiert. Irgendwo dahinten muss die LA SYLPHIDE sein, erst heute Morgen haben sich unsere Kurse getrennt. Mein Handy meldet sich, Matthias ist dran. »Lieber jetzt schon reffen«, sagt er, »da kommt eine Bö mit 6 bis 7, hier sind sie alle ganz hektisch geworden.« Sein Tipp ist gut, die Maßnahme natürlich nicht verkehrt. Als die Bö nach einer Stunde vorüber und die Sicht wieder klar wird, hat mich dieser Schub nur unter der Fock ein paar schöne Meilen vorwärts gebracht. Offenbar sind auch hier einige etwas unruhig geworden. Jetzt kann ich sie wieder sehen, ganz ohne jedes Tuch im Mast haben sie wohl unter Maschine versucht, gegenzuhalten und finden sich nun vor Gedser Odde wieder, auf Legerwall. Sie hatten sicher keinen, der sie angerufen hat.

Hinter der Front dreht der Wind von Nord auf Ost und legt sich dann schlafen. Ich versuche mit allen Tricks, ihn zu locken, pfeife und kratze am Mast und ziehe sogar nochmal den Gennaker aus dem Schlauch, allein, es nützt nichts. Noch eine glasklare Mondnacht, meine letzte, denn nun bin ich direkt auf Heimatkurs. Um 19:00 Uhr meldet sich mein Handy wieder im deutschen Netz an, da kann ich wohl die Gastlandflagge einholen. Der Mast ganz nackert, ein ungewohnter Anblick nach drei Monaten. Einen vollen Hafen will ich nicht, heute will ich noch mal richtig allein sein, ankern, die Bedingungen dafür sind ideal. Kurz hinter dem Leuchtturm Staberhuk auf der Ostspitze von Fehmarn gehe ich an die Fünf-Meter-Linie und lasse den Flunken fallen. Windstill. Vollmond. Alle paar Sekunden zuckt der grüne Blitz hoch vom Leuchtturm über die See, über mein Boot, über mich. Noch einmal: Glück.

Land in Sicht

Ein komischer Schwell wirft mich fast aus der Koje. Meine Armbanduhr zeigt 4:00 Uhr und in der Kajüte ist es noch stockdunkel. Ich taste mich zum Niedergang, um einen Blick in die Runde zu werfen. Immer noch völlige Windstille. Der Mond ist weitergezogen und steht kurz über dem Horizont, im Osten zeigt sich ein erster rötlicher Streifen. Die TUNØ schaukelt heftig, aber eine Ursache für den Schwell ist nicht zu erkennen. Vermutlich ist der Strom im Sund gekentert. Oder ist es vielleicht ein Zeichen, ein Weckruf, der mich daran erinnern soll, den letzten Tag noch mal richtig auszukosten? Die allerletzte Etappe zeitig zu beginnen, weil die Reise unwiderruflich heute zu Ende gehen wird?

Um 7:00 Uhr lichte ich den Anker und nehme Kurs auf die Fehmarnsundbrücke. Der Wind weht nur ganz leicht, es reicht so gerade eben für eine gemächliche Vorwärtsbewegung. Der Tag beschert mir noch mal Faktor-30-Sonnenschein. Hinter der Brücke läuft die TUNØ hoch am Wind mit festgelaschter Pinne, sodass ich schon anfangen kann, unter Deck aufzuräumen und meine Sachen zu packen. Sanne hat zu viel zu tun, um heute Abend nach Kiel zu kommen, deshalb hatte ich Albrecht angerufen und ihn gefragt, ob er mich aufsammeln könnte. Dann klingelt mein Handy, und auch Klaus-Dieter kündigt seinen Besuch zur Ankunft an.

So wird das ein richtiger kleiner Bahnhof, als meine temporären Mitsegler mich in Empfang nehmen. Um 19:00 Uhr fahre ich die TUNØ in Stickenhörn in ihre Box. Dann fische ich die letzten schwedischen Biere aus der Bilge, und wir stoßen an: Auf diesen wunderbaren Segelsommer und die glückliche Wiederkehr nach 93 Tagen, mit 2693 Seemeilen im Kielwasser. Auf den Tag genau drei Monate nach dem Start schließe ich die Kajüte ab und fahre wieder nach Hause.

Danke

Ich möchte mich herzlich bei allen bedanken, die so freundlich waren, meine Fragen zu beantworten, mir ihre Geschichten zu erzählen und sich fotografieren zu lassen. Keiner, den ich angesprochen habe, hat Nein gesagt! Und natürlich bei Jasper Burmester, mit dessen Boot ich drei Monate segeln durfte.

… bei Bastian Hauck, Rupert Wachter und Klaus und Elke Ehlbeck, die mir ihre Seekarten geliehen haben

… bei Teddy Clees und Walter Wüllenweber fürs Vor-Lesen

… und last but not least bei Birgit Radebold für die Gesamtbetreuung des ganzen Projekts.

Bildinfos

S. 2 Einsamer Liegeplatz auf Vormö; S. 14 Ansteuerung von Utklippan; S. 22 Byxelkrok; S. 24 Kirchenruine in Visby; S. 41 Ruhnu; Abendandacht in der alten Kirche, Strand im Norden der Insel; S. 50 Der Leuchtturm von Kihnu; S. 66 Altes Kurhaus und Blick auf den Hafen des Segelclubs; S. 80 Tallinn, Regenbogen über dem alten Rathaus; S. 90 Suomenlinna; S. 108 Vormö, 60°00'31" N; 24°11'43" E; S. 130 Isokari; S. 140 Ulvöhamn; S. 161 Mjältön (oben), Kobba Klintar (unten); S. 168 Ankerpltz vor Hjälmö; S. 172 In den Stockholmer Schären; S. 182 Im Sund zwischen Hjälmö und Lisslö; S. 194 Figeholm; S. 222 Letzter Vollmond vor Fehmarn

Zitate aus: Hans Domizlaff, Dirk III, Berlin 1934; sowie der Biografie Ingmar Bergmann, Mein Leben.
Für die Abdruckgenehmigung der Eingangspassage (S. 7) danken wir dem Paul Zsolnay Verlag sehr herzlich.
Das Zitat ist entnommen aus: André Heller: Das Buch vom Süden. Paul Zsolnay Verlag, Wien, 2016.

Bibliografische Information der Deutschen Nationalbibliothek
Die Deutsche Nationalbibliothek verzeichnet diese Publikation
in der Deutschen Nationalbibliografie; detaillierte bibliografische Daten
sind im Internet über http://dnb.dnb.de abrufbar.

1. Auflage
ISBN 978-3-667-10941-5
© Delius Klasing Verlag & Co KG, Bielefeld

Lektorat: Birgit Radebold
Fotos: Christian Irrgang
Einbandgestaltung und Layout: Felix Kempf, www.fx68.de
Karte: inch3, Bielefeld
Lithografie: Mohn Media, Gütersloh
Gesamtherstellung: Print Consult, München
Printed in Hungary 2017

Delius Klasing Verlag, Siekerwall 21, D - 33602 Bielefeld,
Tel.: 0521/559-0, Fax: 0521/559-115
E-Mail: info@delius-klasing.de · www.delius-klasing.de

Ganz genau: Die vollständige Liste meiner Häfen und Ankerplätze Sommer 2016

Start in Kiel-Stickenhörn

01.	Orth	33.	Öregrund
02.	Klintholm	34.	Raggarö
03.	Utklippan	35.	Notviken
04.	Kalmar	36.	Mariehamn
05.	Byxelkrok	37.	Kobba Klintar
06.	Visby	38.	Rödhamn
07.	Lauterhorn	39.	Stockholm Wasahamn
08.	Fårösund	40.	Stockholm Navigationssällskap
09.	Ruhnu	41.	Ingmarsö
10.	Abruka	42.	Hjälmö (Ankerbucht)
11.	Kihnu	43.	Karlsuddsviken (Ankerbucht)
12.	Pärnu	44.	Stockholm Wasahamn
13.	Kuivastu	45.	Härsö
14.	Haapsalu	46.	Gräno (Ankerbucht)
15.	Tallinn	47.	Saltsjöbaden
16.	Suomenlinna	48.	Nynäshamn
17.	Helsinki	49.	Trosa
18.	Vormö	50.	Broken
19.	Österviken (Ankerbucht)	51.	Arkösund
20.	Hanko	52.	Harstena
21.	Kimiö (Ankerbucht)	53.	Idö
22.	Brännskär	54.	Västervik
23.	Turku	55.	Byxelkrok
24.	Rymättylä	56.	Figeholm
25.	Isokari	57.	Kalmar
26.	Rauma	58.	Kristianopel
27.	Reposaari	59.	Christiansø
28.	Örnsköldsvik	60.	Ystad
29.	Ulvöhamn	61.	Klintholm
30.	Bönhamn	62.	Staberhuk (Ankerbucht)
31.	Hölick	63.	Kiel- Stickenhörn
32.	Storjungfrun		

SCHWE

OSLO

Göteborg

Vä

Fig

Kalm

Kristianope

Utklippan

KOPENHAGEN   Malmö

DÄNEMARK

Møn

60

2 61

Bornholm

Lolland

Nordsee

Kiel 63   1

62 Fehmarn

DEUTSCHLAND